國小數學素養導向教學活動設計

陳嘉皇、毛炳楠、魏麗枝　著

五南圖書出版公司 印行

序

　　國小數學素養導向教學在於培養學生透過操作體驗、激發學習動機與熱忱，將過去所學與現今課程教材要學的數學知識技能，用於解決所面對的數學與生活情境問題，亦即素養導向的教學在於培養學生會想、能懂、努力做的思維和習性。本書配合教育部之「自發」、「互動」及「共好」理念，進行跨領域科目的統整，提供學生有感的學習機會與正確使用工具以解決問題的嘗試。本書設計之教學活動呼應了國民教育數學領域課程綱要的精神與願景，透過師生課室的對話，融入數學是一種語言；並經由解題策略與創作方式的引導，鼓勵學生發現數學是門實用的規律科學；並與生活情境結合，讓學生理解生活即數學，發現數學在解決周遭問題的價值與重要性。

　　本書活動設計的重點在於促進師生學習對解決問題有用的數學知識與能力。數學知識雖然本質抽象，卻具有廣大的應用面向與深刻的應用層級，如何在不同年齡、不同能力、不同興趣或領域，皆能獲得足以結合理論與應用的數學素養，是國民數學教育的重要目標。數學教育應能啟迪學習動機，培養好奇心、探索力、思考力、判斷力與行動力，願意以積極的態度、持續的動力進行探索與學習；從而體驗學習的喜悅，增益自我價值感；進而激發更多生命的潛能，達到健康且均衡的全人開展。為達到上述目標，本書在安排與設計上秉持三項特徵：

1. 強調可視化的應用，透過活動中呈現物件的屬性，要求學生進行觀察、操作體驗、比較對照，進而抽離、一般化成為數學概念或規則，再擴展驗證應用。
2. 活動進行歷程透過話語實踐的教學，從師生互動對話中，釐清與建構數學概念，溝通與理解數學詞彙的意義。

3. 鼓勵應用多元解題策略與思維解題，經由發表與解說培養學生相互尊重與欣賞他人思維的態度，培養互動共享能力。

　　本書活動之設計與撰寫，是經由作者於教學實務現場，針對重要數學概念與議題，思索如何解決教學困境進而將經驗與創意發想彙整而出，可以提供師培生於設計教學活動課程啟蒙與創發的參考，亦能協助現職教師針對教學上如何誘導學生學習與啟發思考，提供有效及適宜之教學模組，解決教學困境與持續學習動機之用。本書內容依國小低、中、高年段學生數學學習的需求，配合現行學習內容與表現之能力指標設計而成，使用者可以參照本書活動設計內容配合教科書執行並進行形成性評量，亦可衡量班級資源之取得加以調整與修正補充，以發揮教學研究設計的精神，敦促自我達成知、識、行素養之要求。

陳嘉皇

2022.02.28

目　錄

數一數二

壹 設計理念說明

　　許多人認為數學就是把一道數學題快速且正確算出答案的過程，學習數學就是學怎麼計算；事實上，數學學習更應該被視為是學習怎麼思考、如何發現關係、運用關係的歷程。整數的認識是數學學習的啟蒙，一個數可以是兩個數的合成，也可以是一個數分解後的一部分，甚至是更多數的合成與分解結果，這個歷程中，必須運用操作情境、生活經驗、語意的一致性、數學語言的轉化，到數學符號記錄，求出結果相對於覺察原有的數與新產生的數、全部與部分之間的關係來說，更顯得容易。本活動設計透過球箱在視覺上自然的分合情境，從整數認識開始，自然融入一個數的分解、兩數的合成，讓學童不斷處理數與數之間的關係，發現左右的交換不影響合成的結果或總數不變時，一邊遞減伴隨一邊遞增的現象，進而培養出面對簡單基本運算時能自動化反應的數感。同時，本活動設計也藉由將球箱以 1 為單位的離散物，運用數棒集聚成一個數，延伸出線段圖的表徵，結合未知數的問題記錄引入探討關係的教學活動。

貳　數學核心素養

本研究活動實施後欲達成之核心素養如下：

1. 數-E-A2 具備基本的算術操作能力，並能指認基本的形體與相對關係，在日常生活情境中，用數學表述與解決問題。
2. 數-E-B1 具備日常語言與數字及算術符號之間的轉換能力，並能熟練操作日常使用之度量衡及時間，認識日常經驗中的幾何形體，並能以符號表示公式。
3. 數-E-C3 具備理解與關心多元文化或語言的數學表徵的素養，並與自己的語言文化比較。

參　學習目標

本活動的內容，設計配合之學習表現和學習內容指標如下：

1. 學習表現

n-I-2　理解加法和減法的意義，熟練基本加減法並能流暢計算。

r-I-1　學習數學語言中的運算符號、關係符號、算式約定。

r-I-2　認識加法和乘法的運算規律。

r-I-3　認識加減互逆，並能應用與解題。

2. 學習內容

N-1-1　一百以內的數：含操作活動。用數表示多少與順序。結合數數、位值表徵、位值表。位值單位「個」和「十」。位值單位換算。認識 0 的位值意義。

N-1-2　加法和減法：加法和減法的意義與應用。含「添加型」、「併加型」、「拿走型」、「比較型」等應用問題。加法和減法算式。

N-1-3　基本加減法：以操作活動為主。以熟練為目標。指 1 到 10 之數

與 1 到 10 之數的加法，及反向的減法計算。

R-1-1　算式與符號：含加減算式中的數、加號、減號、等號。以說、讀、
聽、寫、做檢驗學生的理解。適用於後續階段。

R-1-2　兩數相加的順序不影響其和：加法交換律。可併入其他教學活動。

N-2-3　解題：加減應用問題。加數、被加數、減數、被減數未知之應
用解題。連結加與減的關係（R-2-4）。

R-2-4　加法與減法的關係：加減互逆。應用於驗算與解題。

肆　學生學習常見之迷思概念

在學習本單元時，學生常會出現以下錯誤或迷思的概念：

1. 無法理解一個數可以是自己和 0 的合成。例如：8 = 0 + 8。
2. 面對拿走型問題時，無法理解拿走和剩下可以合成總量的三者關係。
3. 無法利用添加的概念解決加數未知的問題。
4. 無法理解如何利用添加或拿走處理比較型做數。例如：給定 7 個星
星，☆☆☆☆☆☆☆。請學童畫出比星星數量少 2 個的圈圈，或是
多 2 個的圈圈。

伍　活動設計內容

1. 活動所需材料

球箱、乒乓球、古氏積木（數棒）、立方公分小方塊、學習單、筆。

2. 進行方式

項次	活動目標	教具	教學進行方式
活動一： 我會數數	透過點數、操作、觀察進行數的 分解	球箱、乒乓球、 學習單、筆	觀察記錄 探究討論 發表分享

項次	活動目標	教具	教學進行方式
活動二： 做數我最行	透過點數、操作、觀察進行數的合成，理解併加、添加、拿走的情境意義	球箱、乒乓球、學習單、筆	觀察記錄 探究討論 發表分享
活動三： 我有透視眼	運用操作解決一邊末知的問題，覺察添加或拿走的情境關係	球箱、乒乓球、學習單、筆	觀察記錄 探究討論 發表分享
活動四： 我最棒	透過操作、觀察、記錄解決做數問題，並能活用加減概念作出指定的數	數棒、學習單、筆	觀察記錄 探究討論 發表分享
活動五： 數棒接龍	透過操作解決數的合成分解問題，覺察拿走、剩下、全部三者的關係	數棒、立方公分小方塊、學習單、筆	觀察記錄 探究討論 發表分享

3. 活動說明

　　本教學活動可運用分組方式進行操作，唯學習單的記錄仍以個別學生爲主，透過學習單可提供教師檢核教學過程是否清楚或有再加強的必要。教具須依學生人數事先做好布置，且低年級學生對教具分享的概念須教師多次指導約定，才能讓教學操作順暢。

活動一：我會數數

　　小美是一年級新生，假日她和媽媽到市場買菜，看見許多新型扭蛋機，其中一台有她最喜歡的卡通人物手錶，她央求媽媽讓她試著扭扭看，媽媽問她：妳知道裡面有幾顆扭蛋嗎？如果花 100 元扭了 5 次都沒得到妳要的玩具，扭蛋機裡還剩幾顆扭蛋？還要扭幾次才可能得到妳要的玩具？如果妳能回答我的問題，我就讓妳試試看！

　　於是小美找了她最喜歡的陳老師幫忙，陳老師用心製作了一個球箱想幫小美學會如何解決媽媽給的問題。

1. **觀察球箱，說說看看到了什麼？**

　　■ 引導學生發現球箱被分成左、右兩邊，確認一整個箱子和左右兩
　　　邊的說法。

2. **數數看，從大籃子裡拿出 7 顆球放到小籃子裡。**

　　■ 準備兩個籃子，讓學生從大籃子裡拿出教師指定的球數到小籃子
　　　裡，只要學生可以拿出正確球數並數出幾顆，就不應限制 10 或 30
　　　以內的數。

3. **如果把這 7 顆球丟進球箱裡，會有什麼狀況？**

4. **丟進去之前先來猜猜看，把你猜的結果記錄下來。（學習單一）**

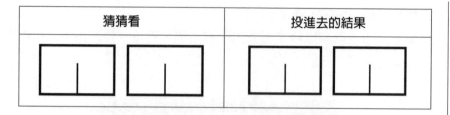

猜猜看	投進去的結果

5. 請把球丟進球箱裡，再數數看，把學習單上被你猜中的結果圈起來，
沒有猜中的記錄到空白的格子裡。

6. 請拿出學習單觀察看看，你猜中了幾個？

7. 說說看，你的記錄和同學有哪些相同和不同？

8. 接下來請你繼續完成更多個球的活動，並將結果記錄下來。（學習單二）

活動二：做數我最行

1. 在球箱中任意放入一些球再數數看，右邊有幾顆球？左邊有幾顆球？
現在球箱裡共有幾顆球？想想看，左邊 5 顆、右邊 4 顆合起來和左邊
4 顆、右邊 5 顆的結果一樣嗎？（學習單三）

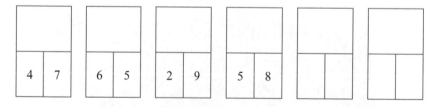

2. 右邊已經有 7 顆球，老師再往左邊放入 4 顆球，現在球箱裡共有幾顆
球？

　■由學生自行放置球到球箱中，再互相詢問記錄。

3. 老師的球箱中右邊有 8 顆、左邊有 4 顆，小美的球箱中右邊有 7 顆，
左邊要放進幾顆才會和老師有一樣多的球？如果老師的球換成 5 顆和
6 顆，小美左邊有 8 顆，她的右邊還要放入幾顆才會和老師的球一樣
多？（學習單四）

4	8		7

6	5		8

■ 利用兩個球箱進行操作，先觀察後自行解答，並引導說出解題想法，若學生有困難，再利用口語鷹架引導放 1 顆是多少？夠了嗎？再 1 顆……

4. 數數看老師在箱子裡投入幾顆球？左邊幾顆？右邊幾顆？拿走右邊的還剩下幾顆？

5. 老師的球箱中右邊有 8 顆、左邊有 4 顆，小美的球箱中右邊有 9 顆，左邊有 4 顆，老師要怎麼做才會和小美有一樣多的球？

■ 利用球箱操作，再引導學生嘗試做做看，並能清楚說明自己的解題想法。操作的情境以加減法的基本問題類型：併加、添加、拿走情境，協助學生在語意和情境上建構概念發展基礎。

活動三：我有透視眼

1. 先把球箱一邊蓋住。數數看現在丟幾顆球到球箱裡？再數數看一邊有幾顆？那你知道蓋住那邊有幾顆嗎？你是怎麼知道的？

2. 說說看，要怎麼想才能準確地知道有幾顆球？（學習單五）

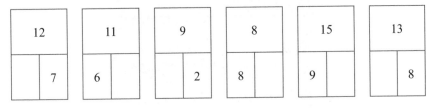

12		11		9		8		15		13	
	7	6			2	8			9		8

活動四：我最棒

1. 拿出數棒觀察看看，說說你看到什麼？一條橘色積木和幾個白色積木合起來一樣長？藍色積木和幾個白色積木合起來一樣長？……

2. 拿出兩個積木合起來和一條橘色積木一樣長，有哪些拿法？做做看！在學習單上把它記下來。想一想，先拿白色再拿藍色和先拿藍色再拿白色，合起來都是 10 嗎？（學習單六）

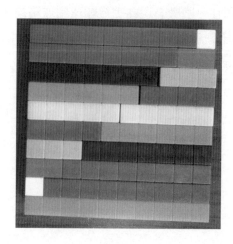

塗上顏色	☐☐☐☐☐☐☐☐☐☐		☐☐☐☐☐☐☐☐☐☐	
記錄		+		+

3. 用不同的說法說說看、記記看。（學習單七）

■ 1 和多少合起來是 10？2 和多少合起來是 10？……

■ 10 拿走多少剩下 5？拿走多少剩下 7？……

$1 + \boxed{} = 10$	$2 + \boxed{} = 10$
$10 - \boxed{} = 5$	$10 - \boxed{} = 7$

4. 將一條橘色積木 10 蓋上 1 個紫色積木 4，還剩下幾格橘色？拿出其他積木蓋蓋看，要怎麼蓋才會剩下一樣長的積木？做做看，把它記下來！（學習單八）

畫畫看並塗上顏色	用算式記記看
☐☐☐☐☐☐☐☐☐☐	$\boxed{10} - \boxed{4} = 6$
☐☐☐☐☐☐☐☐☐☐	$\boxed{} - \boxed{} = 6$

5. 可以用合起來和蓋上去的作法，使用 2 個積木排排看，怎麼做出 6！拿出積木操作看看，再把結果記下來！（學習單九）

畫畫看並塗上顏色	用算式記記看
	$\boxed{10} - \boxed{4} = 6$
	$\boxed{4} + \boxed{2} = 6$

活動五：數棒接龍

1. 拿出連結小方塊，先做出 1 條有 11 個小方塊、12 個、13 個……到 1 條 20 個小方塊的積木條。

2. 每 1 條積木條可以說成是幾個和幾個合起來的？說說看你是怎麼做的。

3. 再想想看，11 還要幾個才會和 20 一樣長？12 還要幾個？……

4. 說說看，20 拿走幾個和 11 一樣長？拿走幾個和 12 一樣長？……

5. 拿出 1 到 20 的積木棒做做看，哪兩個積木合起來會和 12 一樣長？做做看並把它記下來。（學習單十）

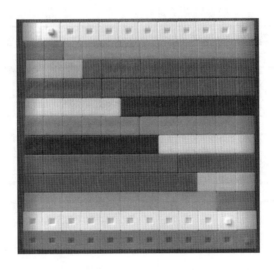

陸 對活動任務的省思

1. 為鼓勵學生有多元思考，教學歷程中要避免對特定答案有過高評價，避免其他學生仿作，造成單一結果。

2. 低年級孩童教具操作熟練度不足，教學速度宜放慢。

3. 對教學活動的操作結果討論要仔細，能結合教學目標的提問要兼顧，充分發揮操作的效能。

4. 根據學生的回答邀請其他學生複述、操作，甚至提出質疑，避免活動流於只是有趣的一節課。

學習單一

把球放進球箱,先猜猜會有什麼結果。

投進球箱的球數:( )顆	
猜猜看	投進去的結果

學習單二

把球放進球箱裡，再把結果記下來。

學習單三

數數左右兩邊有多少球，再把全部的球數記下來。

5	7

8	3

4	5

6	5

學習單四

左右兩邊的球數要一樣多，需要再放進多少顆？

7	6	5

| 3 | 8 | 9 |

學習單五

蓋住的這邊有幾顆球？請把它記下來。

8	11	7	9
5	3	4	2

學習單六

拿出兩個數棒合起來是 10，再將結果記在表格裡。

塗上顏色	⬚⬚⬚⬚⬚⬚⬚⬚⬚⬚		
記錄		+	

塗上顏色	⬚⬚⬚⬚⬚⬚⬚⬚⬚⬚		
記錄		+	

塗上顏色	⬚⬚⬚⬚⬚⬚⬚⬚⬚⬚		
記錄		+	

塗上顏色	⬚⬚⬚⬚⬚⬚⬚⬚⬚⬚		
記錄		+	

塗上顏色	⬚⬚⬚⬚⬚⬚⬚⬚⬚⬚		
記錄		+	

塗上顏色	⬚⬚⬚⬚⬚⬚⬚⬚⬚⬚		
記錄		+	

塗上顏色	⬚⬚⬚⬚⬚⬚⬚⬚⬚⬚		
記錄		+	

塗上顏色	⬚⬚⬚⬚⬚⬚⬚⬚⬚⬚		
記錄		+	

塗上顏色	⬚⬚⬚⬚⬚⬚⬚⬚⬚⬚		
記錄		+	

塗上顏色	⬚⬚⬚⬚⬚⬚⬚⬚⬚⬚		
記錄		+	

塗上顏色	⬚⬚⬚⬚⬚⬚⬚⬚⬚⬚		
記錄		+	

塗上顏色	⬚⬚⬚⬚⬚⬚⬚⬚⬚⬚		
記錄		+	

學習單七

10 的分合，做做看，再用不同的說法說說看、記記看。

$1 + \square = 10$	$2 + \square = 10$
$3 + \square = 10$	$4 + \square = 10$
$5 + \square = 10$	$6 + \square = 10$
$7 + \square = 10$	$8 + \square = 10$
$9 + \square = 10$	$10 + \square = 10$
$10 - \square = 1$	$10 - \square = 2$
$10 - \square = 3$	$10 - \square = 4$
$10 - \square = 5$	$10 - \square = 6$
$10 - \square = 7$	$10 - \square = 8$
$10 - \square = 9$	$10 - \square = 10$

學習單八

畫畫看並塗上顏色	用算式記記看
（十格方框）	□ - □ = 6
（十格方框）	□ - □ = 6
（十格方框）	□ - □ = 6
（十格方框）	□ - □ = 6
（十格方框）	□ - □ = 6
（十格方框）	□ - □ = 5
（十格方框）	□ - □ = 5
（十格方框）	□ - □ = 5
（十格方框）	□ - □ = 5
（十格方框）	□ - □ = 5
（十格方框）	□ - □ = 5

學習單九

用合起來和蓋上去的作法，使用 2 個積木排排看，怎麼做出 6！把結果記下來！

畫畫看並塗上顏色	用算式記記看
☐☐☐☐☐☐☐☐☐☐	☐☐☐ = 6
☐☐☐☐☐☐☐☐☐☐	☐☐☐ = 6
☐☐☐☐☐☐☐☐☐☐	☐☐☐ = 6
☐☐☐☐☐☐☐☐☐☐	☐☐☐ = 6
☐☐☐☐☐☐☐☐☐☐	☐☐☐ = 6
☐☐☐☐☐☐☐☐☐☐	☐☐☐ = 6
☐☐☐☐☐☐☐☐☐☐	☐☐☐ = 6
☐☐☐☐☐☐☐☐☐☐	☐☐☐ = 6
☐☐☐☐☐☐☐☐☐☐	☐☐☐ = 6
☐☐☐☐☐☐☐☐☐☐	☐☐☐ = 6

學習單十

哪兩個積木合起來會和 12 一樣長？做做看並把它記下來。

畫畫看並塗上顏色	用算式記記看
	□ + □ = 12
	□ + □ = 12
	□ + □ = 12
	□ + □ = 12
	□ + □ = 12
	□ + □ = 12
	□ + □ = 12
	□ + □ = 12
	□ + □ = 12
	□ + □ = 12

加加減減百數表

壹 活動設計理念

　　整數加法計算的正確性及熟練度，是乘法計算的重要基礎，而理解減法的意義及減法計算的正確性及熟練度，與除法計算的意義理解及計算能力更是息息相關。學生在進行 20 以內的加法、減法計算時，最常進行的操作方式，是把題目上的數量用積木、花片、畫圓、伸出手指頭等表示出來，再透過點數，數出答案。學生往往因為不斷的重複點數影響計算速度，或在點數時出現錯誤而不自知。如何運用教具操作，引導學生有意義的計算策略、提升計算的正確性及計算速度，是本活動設計的發想。

　　古氏積木（數棒）是數學課室不可或缺的教具，許多數數及計算的教學活動，也常見用古氏積木（數棒），或與古氏積木顏色對應的方格片進行操作教學。本活動設計參考古氏積木，設計以邊長 2 公分正方形方格當作 1 的透明條，搭配百數表，透過透明條在百數表上的分解、合成操作，呈現學生在加減計算的多元想法，直觀的看到操作數的分解、合成結果。並運用加法幾個幾的操作情境，發展「倍」的概念，進行幾的幾倍等於多少的數學語言的轉化，建立乘法應用情境的語言的先備經驗。

貳　數學核心素養

本研究活動實施後欲達成之核心素養如下：

1. 數-E-A2 具備基本的算術操作能力，並能指認基本的形體與相對關係，在日常生活情境中，用數學表述與解決問題。

2. 數-E-B1 具備日常語言與數字及算術符號之間的轉換能力，並能熟練操作日常使用之度量衡及時間，認識日常經驗中的幾何形體，並能以符號表示公式。

3. 數-E-C3 具備理解與關心多元文化或語言的數學表徵的素養，並與自己的語言文化比較。

參　學習目標

本活動的內容，設計配合之學習表現和學習內容指標如下：

1. 學習表現

n-I-2　理解加法和減法的意義，熟練基本加減法並能流暢計算。

n-I-4　理解乘法的意義，熟練十十乘法，並初步進行分裝與平分的除法活動。

r-I-1　學習數學語言中的運算符號、關係符號、算式約定。

r-I-2　認識加法和乘法的運算規律。

2. 學習內容

N-1-3　基本加減法：以操作活動為主。以熟練為目標。指 1 到 10 之數與 1 到 10 之數的加法，及反向的減法計算。

R-1-1　算式與符號：含加減算式中的數、加號、減號、等號。以說、讀、聽、寫、做檢驗學生的理解。適用於後續階段。

N-2-6 乘法：乘法的意義與應用。在學習乘法過程，逐步發展「倍」
　　　的概念，作爲統整乘法應用情境的語言。

肆 學生學習常見之迷思概念

　　在學習本單元時，學生常會出現以下錯誤或迷思的概念：

1. 無法運用 10 的合成、分解進行加減計算，以重新點數進行計算出現
錯誤。
2. 減法須退位時，發生「大數減小數」的錯誤。
3. 理解倍的關係時，學生會混淆計數單位而發生錯誤。

伍 活動設計內容

1. 活動所需材料

(1) 百數表（每格 2cm×2cm）每人 1 張。

(2) 平面透明條（透明塑膠片或壓克力）每組 1 套：白色（1 格）、
紅色（2 格）、淺綠色（3 格）、紫色（4 格）、黃色（5 格）、深
綠色（6 格）、灰黑色（7 格）、咖啡色（8 格）、藍色（9 格）、
橘色（10 格）各 10 片 / 條。

(3) 加法、減法遊戲紀錄單每組各 1 張。

(4)「2 的幾倍」、「5 的幾倍」、「4 的幾倍」、「3 的幾倍」、「6 的幾
倍」、「7 的幾倍」、「8 的幾倍」、「9 的幾倍」學習單每人 1 張。

2. 進行方式

項次	活動目標	教具	教學進行方式
活動一： 百數表來數數	透過百數表操作、觀察認識各種透明條，並熟悉各種顏色的透明條在百數板上的格數	百數表、平面透明條	認識透明條 比對百數表 觀察發表

項次	活動目標	教具	教學進行方式
活動二：百數大進擊	運用透明條在百數板的操作，熟練 100 以內個位數進位的加法計算，以及加法算式記錄	百數表、平面透明條、小白板、學習單	操作發表 觀察記錄 遊戲熟練
活動三：百數幾個幾	運用透明條在百數板的操作，理解幾倍的意義，用幾的幾倍建立十十乘法的先備概念	百數表、平面透明條、學習單	操作發表 倍數語言理解 記錄分享
活動四：百數清零	運用透明條在百數板的操作，熟練 100 以內個位數退位的減法計算，以及減法算式記錄	百數表、平面透明條、小白板、學習單	操作發表 觀察記錄 遊戲熟練

3. 活動說明

(1) 本教學活動運用分組方式進行操作。

(2) 活動二和活動四的加、減遊戲紀錄單，每組 1 張，學生可以每人用不同顏色的筆輪流記錄，以利分別計算得分。

(3) 活動三的幾的幾倍紀錄表，以學生個別記錄為主，每人 1 張，透過紀錄表可提供教師檢核學生是否清楚倍的概念。

(4) 教具透明條可用彩色透明片依照附件剪裁，須依每組 1 套事先分好，指導約定教具的操作方式，才能讓教學操作順暢。

活動一：百數表來數數

發給學生每人 1 張百數表。

1. 這是一張百數表，請小朋友說說看這一張表上面有什麼你覺得特別的地方？

■ 學生可能的回答：

(1) 有 1 到 100。

(2) 直的後面（個位）數字都一樣。

(3) 橫的後面（個位）數字都是 1、2、3……0。

(4) 下面 1 行的前面（十位）數字都比上面 1 行多 1。

⋮

2. 說說看，在百數表上可以怎麼從 1 數到 100？

■學生可能的回答：

(1)1、2、3……、10、11（換行）、12、……。

(2)1、2、3……、10、20（換行）、30（換行）。

⋮

3. 很好，現在老師要請小朋友拿出白色的透明條放在百數表上，請告訴老師它是幾格？

■學生：1 格。

1	2	3	4	5	6	7	8	9	10

4. 再來，老師要請小朋友拿出紅色的透明條放在百數表上，請告訴老師它是幾格？

■學生：2 格。

1	2	3	4	5	6	7	8	9	10

5. 請小朋友拿出咖啡色的透明條，先猜猜看它是幾格？

■學生可能的回答：5 格、6 格、7 格、8 格、9 格。

▶請小朋友把咖啡色的透明條放在百數表上，再告訴老師它是幾格？

■學生：8 格。

1	2	3	4	5	6	7	8	9	10

▶說說看，你怎麼知道它是 8 格？

■學生可能的回答：

(1)1、2、……8。

(2) 透明條最後面下面的數字是 8。

6. 請小朋友每一種顏色透明條在百數表放放看，說一說它們各是幾格？
　　■ 請學生操作後發表。
　　■ 學生：白色是 1 格、紅色是 2 格、淺綠色是 3 格、紫色是 4 格、黃色是 5 格、深綠色是 6 格、灰黑色是 7 格、咖啡色是 8 格、藍色是 9 格、橘色是 10 格。

活動二：百數大進擊

先發給學生每人 1 張百數表、每組 1-10（10 種顏色）的透明條各 10 片。

1. 透明條排在百數表上各是幾格？拿出透明條說說看。
　　■ 學生：白色是 1 格、紅色是 2 格、淺綠色是 3 格、紫色是 4 格、黃色是 5 格、深綠色是 6 格、灰黑色是 7 格、咖啡色是 8 格、藍色是 9 格、橘色是 10 格。

2. 現在我們要從 1 開始放透明條，請小朋友先拿出黃色透明條，把黃色透明條放在百數表上。黃色透明條是幾格？最後 1 格下面的數字是多少？
　　■ 學生操作後回答：5 格。

1	2	3	4	5	6	7	8	9	10

　▶ 很好，黃色透明條是 5 格，請小朋友拿出淺綠色的透明條，接在黃色透明條後面，放在百數表上。黃色和淺綠色透明條在百數表合起來有幾格？
　　■ 學生操作後回答：8 格。

1	2	3	4	5	6	7	8	9	10

　▶ 黃色是 5 格、淺綠色是 3 格，合起來是 8 格。有人說 5 加 3 等於 8，要怎麼記呢？請寫在小白板上。

■學生記出 5 + 3 = 8。

3. 接下來有一個比較困難的任務,請拿出 6 格的透明條,從淺綠色後面繼續接下去,透明條都要放進百數表裡,8 格再放 6 格,會放到哪一格?

　　■學生:深綠色放上去會超出格子。

▶哦～那該怎麼辦呢?不能折斷也不能剪開。

　　■學生操作後回答。

▶得到答案 14!請告訴坐在你旁邊的小朋友你是怎麼把透明條放到百數表的。

　　■請學生倆倆互說做法。

▶換小朋友來告訴老師你是怎麼做的。

　　■教師點名學生回答。

　　■學生可能的回答:

(1) 先把深綠換成 6 片白色,再 1 格 1 格的放,會放到 14 格。(以後白色 1 會不夠,這個方法不會再出現。)

(2) 先放 1 片深綠色接在 8 後面,放進 2 格還超過 4 格(用紅色比),透明條拿到第 2 行放到 14。

1	2	3	4	5	6	7	8	9	10
11	12	13	14	15	16	17	18	19	20

(3) 深綠色 6,可以換成 1 片紅色 2 和 1 片紫色 4,先放紅色 2、再到下一行放紫色 4,放了 14 格,答案是 14。

1	2	3	4	5	6	7	8	9	10
11	12	13	14	15	16	17	18	19	20

▶這些方法都很好。如果老師規定透明條不能在格子外面,需用哪一種方法?

■ 學生自由發表，建立用深綠色 6，可以換成 1 片紅色 2 和 1 片紫色 4 的方法。

▶ 本來有 8 格再放 6 格，合起來是 14 格，要怎麼記成算式？請寫在白板上。

■ 學生記出 8 + 6 = 14。

4. 在百數表上透明條已經放了 14 格，請拿出藍色透明條，從 14 後面繼續放，透明條都要放進百數表裡，14 格再放 9 格，會放到哪一格？說說看，你是怎麼做的。

■ 學生操作後回答 23。

■ 學生：把藍色 9 換成深綠色 6 和淺綠色 3，先放深綠色，再到下一行放淺綠色，會放到 23，透明條最後 1 格是 23，表示合起來是 23。

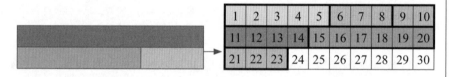

▶ 本來有 14 格再放 9 格，合起來是 23 格，要怎麼記成算式呢？請寫在白板上。

■ 學生記出 14 + 9 = 23。

5. 「百數大進擊」遊戲

　(1) 學生 4 或 5 人 1 組，每組學生遊戲編號 1、2、……

　(2) 每組 1 套透明條（每種顏色各 10 片）放在盒子裡（公用區），除了橘色 10 不要拿，請每人從盒子裡各種顏色透明條都拿 1 片，放在自己的遊戲區。

　(3) 放 1 張百數表和「百數大進擊」遊戲紀錄單在中間。（如附件三）

▶ 現在我們要來玩一個「百數 99」遊戲，請小朋友檢查自己的透明條，除了橘色 10 以外，每種顏色是不是都有 1 片（逐一檢查），小朋友要注意聽遊戲規則。

(1) 每組小朋友先拿 1 個黑色 7 在百數表上，從 1 號開始輪流，輪到的人要拿出 1 片透明條放到百數表，透明條不能在格子外面。

例如：已經放到 7，輪到的人，可以放 1 片紅色 2 接在後面，然後在遊戲紀錄單寫上你的座號，以及把已經放了幾格、再放進幾格、合起來有幾格和算式寫在紀錄單上。（教師先提供說明如下圖）

1	2	3	4	5	6	7	8	9	10

或是將拿出的透明條到公用區換成一樣多格的 2 片透明條，把拿出的透明條放進公用區，再把換到的透明條放到百數表，一次只能換成 2 片。

例如：百數表已經放到 7，輪到的人想加 9 格，可以拿藍色 9 到公用區換淺綠色 3 和深綠色 6，將淺綠色 3 接在黑色 7 後面，把深綠色 6 放到下 1 行。然後在遊戲紀錄單寫上你的座號，把已經放了幾格、再放進幾格、合起來有幾格和算式寫在紀錄單上。（教師先提供說明如下圖）

1	2	3	4	5	6	7	8	9	10
11	12	13	14	15	16	17	18	19	20

(2) 放透明條進百數表，完成遊戲紀錄單，寫好已經放了幾格、再放進幾格、合起來有幾格和算式後，要唸出「原來有多少，再放多少（放 2 片要唸 2 片合起來的格數），幾加幾等於多少。」例如：「原來有 7 格，再放進 9 格，共有 16 格。」然後記上得分：

放對了得 1 分，算式也正確，可以再得到 1 分。

把得分寫好後，紀錄單傳給下一個輪到的人。

(3) 輪到你的時候，放上透明條剛好到 99 格的可以再得到 5 分，剛好 100 的可以加 10 分，遊戲就結束了。

但是，輪到你的時候，如果拿出的透明條放到百數表會超過 100 的，要被扣 2 分，遊戲也結束了。

(4) 最後我們要來算自己的總成績，算一下你總共拿到幾分。分數最高的獲勝！

活動三：百數幾個幾

先發給學生每人1張百數表、每組1-10（10種顏色）的透明條都有10片。

1. 還記得我們在百數表上排的透明條各是幾格嗎？拿出透明條說說看。
   - 學生：白色1格、紅色2格、淺綠色3格、紫色4格、黃色5格、深綠色6格、灰黑色7格、咖啡色8格、藍色9格、橘色10格。

2.「2的幾倍等於多少？」、「5的幾倍等於多少？」
   - ▶ 老師要請小朋友從1開始放透明條，請小朋友先拿出1片紅色透明條，把紅色透明條放在中間的百數表。提問：紅色透明條是幾格？最後1格下面的數字是多少？
   - 學生：2格，最後1格下面的數字是2。

1	2	3	4	5	6	7	8	9	10

   - ▶ 紅色透明條以後叫它紅色2，像這樣有1片紅色2我們可以說成2的1倍，2的1倍等於2。請小朋友在「2的幾倍」紀錄表，1個2的格子上填上答案2。
   - 教師請每組小朋友再拿出1片紅色2，接著前面放在中間的百數表上。

   - ▶ 現在有幾片紅色2？是幾格？最後1格下面的數字是多少？
   - 學生操作後回答：2片、4格，最後1格下面的數字是4。

1	2	3	4	5	6	7	8	9	10

   - ▶ 像這樣紅色2有2片，我們可以說成2的2倍，2的2倍等於4。請小朋友在「2的幾倍」紀錄表，2個2的那一行格子填上2的2

倍和答案 4。

■ 教師請每組小朋友再拿出 1 片紅色 2，接著前面放在中間的百數
　表上。

▶ 現在有幾片紅色 2？是幾的幾倍？最後 1 格下面的數字是多少？

■ 學生操作後回答：有 3 片、2 的 3 倍，最後 1 格下面的數字是 6。

1	2	3	4	5	6	7	8	9	10

▶ 紅色 2 有 3 片，可以說成 2 的 3 倍等於 6。請小朋友在紀錄表中 3
　個 2 的那一行格子填上 2 的 3 倍和答案 6。

■ 教師再請小朋友拿出 1 片紅色 2，接著前面放在百數表上（可以說
　「接在剛才百數表 2 的 3 倍的後面」）。

▶ 現在有幾片紅色 2？是幾的幾倍？等於多少？

■ 學生操作後回答：有 4 片、2 的 4 倍等於 8。

1	2	3	4	5	6	7	8	9	10

▶ 很好，紅色 2 有 4 片、2 的 4 倍等於 8。請小朋友在紀錄表，4 個
　2 的那一行格子填上 2 的 4 倍和答案 8。

▶ 接下來，請小朋友繼續把紅色 2 放進百數表，將「2 的幾倍」紀錄
　表填完 10 個 2。然後換從 1 開始放黃色 5，完成「5 的幾倍」紀
　錄表。

■ 學生進行操作活動完成學習單。

■ 教師和學生共同核對學習單，從 2 的 1 倍數到 2 的 10 倍後，再從
　5 的 1 倍數到 5 的 10 倍。

3.「4 的幾倍等於多少？」、「3 的幾倍等於多少？」

▶ 請小朋友先拿出 1 片有 4 格的透明條，把透明條放在你們百數表
　上。4 格的透明條是什麼顏色？要怎麼說 4 的幾倍等於多少？

■ 學生操作後回答：紫色、4 的 1 倍等於 4。

| 1 | 2 | 3 | 4 | 5 | 6 | 7 | 8 | 9 | 10 |

▶教師：紫色透明條以後叫它紫色 4，紫色 4 有 1 片，我們可以說成 4 的 1 倍，4 的 1 倍等於 4。請小朋友在「4 的幾倍」紀錄表，1 個 4 的那一行格子填上答案。請小朋友再拿出 1 片紫色 4，接著前面放在百數表上。要怎麼說 4 的幾倍？等於多少？

■學生操作後回答：4 的 2 倍等於 8。

| 1 | 2 | 3 | 4 | 5 | 6 | 7 | 8 | 9 | 10 |

▶紫色 4 有 2 片，我們可以說成 4 的 2 倍，4 的 2 倍等於 8。請小朋友在「4 的幾倍」紀錄表，2 個 4 的那一行填上 4 的 2 倍和答案 8。

▶請小朋友再拿出 1 片紫色 4，接著前面放在百數表上。要怎麼放呢？（回顧舊經驗）

■學生：

(1) 先放 1 片紫色 4 接在 8 後面，放進 2 格還超過 2 格（用紅色 2 比），再把紫色 4 拿到第 2 行放到 12。

| 7.5 | | 1 | 2 | 3 | 4 | 5 | 6 | 7 | 8 | 9 | 10 |
| | | 11 | 12 | 13 | 14 | 15 | 16 | 17 | 18 | 19 | 20 |

(2) 紫色 4 可以換成 2 片紅色 2，先接著 8 放 1 片紅色 2、再到下一行放 1 片紅色 2，放了 12 格，答案是 12。

| 1 | 2 | 3 | 4 | 5 | 6 | 7 | 8 | 9 | 10 |
| 11 | 12 | 13 | 14 | 15 | 16 | 17 | 18 | 19 | 20 |

▶兩種方法都很好，像這樣有 3 個 4，就是 4 的 3 倍，4 的 3 倍等於 12。請在紀錄表 3 個 4 的那一行格子的空格填上答案。

▶請小朋友繼續把紫色 4 放進百數表，將「4 的幾倍」紀錄表填完

　10 個 4。然後換從 1 開始放淺綠色 3，完成「3 的幾倍」紀錄表。

■ 學生進行操作活動完成學習單。

■ 教師和學生共同核對學習單，從 4 的 1 倍數到 4 的 10 倍，再從 3 的 1 倍數到 3 的 10 倍。

4.「6 的幾倍等於多少？」

　▶ 請小朋友拿出深綠色 6，從 1 開始放深綠色 6 到百數表，填寫 1 個 6 的那一行，並把透明條在百數表的樣子塗出來。接著再放 1 個 6 到百數表，填寫 2 個 6 的那一行，把透明條在百數表的樣子再塗出來。再接著放 1 個 6 到百數表，填寫 3 個 6 的那一行，並把透明條在百數表的樣子再塗出來（教師邊請學生操作邊示範如下）。放到 10 個 6，完成「6 的幾倍」紀錄表。

1	2	3	4	5	6	7	8	9	10
11	12	13	14	15	16	17	18	19	20

　▶ 像這樣有 3 個 6，就是 6 的 3 倍，6 的 3 倍等於 18。請在紀錄表 3 個 6 的那一行格子填上 6 的 3 倍和答案 18。

■ 學生進行操作活動完成學習單。

■ 教師和學生共同核對學習單，從 6 的 1 倍數到 6 的 10 倍。

5.「8 的幾倍等於多少？」

　▶ 請小朋友拿出咖啡色 8，從 1 開始放咖啡色 8 到百數表，填寫紀錄表，並把透明條在百數表的樣子塗出來。再接著放 1 個 8 到百數表，填寫紀錄表後，把透明條在百數表的樣子再塗出來……（示範如下）。放到 10 個 8，完成「8 的幾倍」紀錄表。

1	2	3	4	5	6	7	8	9	10
11	12	13	14	15	16	17	18	19	20
21	22	23	24	25	26	27	28	29	30

■ 學生進行操作活動完成學習單後，教師和學生共同核對學習單，從 8 的 1 倍數到 8 的 10 倍。

6.「7 的幾倍等於多少？」

▶ 請小朋友拿出「7 的幾倍」紀錄表，從 1 開始放灰黑色 7 到百數表，填寫紀錄表，並把透明條在百數表的樣子塗出來。放到 10 個 7，完成「7 的幾倍」紀錄表。

■ 學生進行操作活動完成學習單後，教師和學生共同核對學習單，從 7 的 1 倍數到 7 的 10 倍。

7.「9 的幾倍等於多少？」

▶ 請小朋友拿出「9 的幾倍」紀錄表，從 1 開始放藍色 9 到百數表，填寫紀錄表，並把透明條在百數表的樣子塗出來。放到 10 個 9，完成「9 的幾倍」紀錄表。

■ 學生進行操作活動完成學習單後，教師和學生共同核對學習單，從 9 的 1 倍數到 9 的 10 倍。

活動四：百數清零

先發給學生每人 1 張百數表、每組 1-10（10 種顏色）的透明條各 10 片。

1. 請小朋友拿出透明條，用白色 1、紅色 2 表示透明條的顏色和在百數表上的格數。

■ 學生：白色 1、紅色 2、淺綠色 3、紫色 4、黃色 5、深綠色 6、灰黑色 7、咖啡色 8、藍色 9、橘色 10。

▶ 請小朋友拿出藍色透明條，放在百數表上，藍色透明條是幾格？
■ 學生操作後回答：9 格。

▶ 請拿出深綠色的透明條，放在藍色透明條上面。現在沒有被深綠

色壓到的藍色剩下幾格？可以換成什麼哪一片透明條？說說看，你是怎麼知道的？

■ 學生操作後回答：剩下 3 格，可以換成淺綠色透明條。（自由發表想法）

1	2	3	4	5	6	7	8	9	10

▶ 藍色是 9、深綠色是 6，在藍色 9 上壓上深綠色 6，可以看到剩下的藍色有 3 格，可以換成淺綠色 3。9 扣掉 6 剩下 3，要怎麼記呢？請寫在小白板上。

■ 學生記出 $9 - 6 = 3$。

2. 拿走咖啡 8 怎麼做？

▶ 接下來有一個比較困難的任務喔！請拿出 2 片橘色 10、1 片黃色 5 透明條，從 1 開始放到百數表上，透明條在百數表上會有幾格？

■ 學生操作後回答：25 格。

1	2	3	4	5	6	7	8	9	10
11	12	13	14	15	16	17	18	19	20
21	22	23	24	25	26	27	28	29	30

▶ 如果老師要從 25 格拿走跟咖啡色 8 一樣格數的透明條要怎麼拿？25 格扣掉 8 格，會剩下幾格？

■ 學生操作後回答：17 格。

▶ 得到答案 17，請告訴坐在你旁邊的小朋友你是怎麼從百數表拿走透明條的。

■ 請學生倆倆互說做法。

▶ 換小朋友來告訴老師你是怎麼做的。

■ 教師點名學生回答。

■ 學生可能的回答：

(1) 先把橘色 10 換成 10 片白色 1，再拿走 8 格，剩下 2 格白色 1，再把黃色 5 從 12 接下去，看到剩下 17 格。（以後白色 1 會不夠）

1	2	3	4	5	6	7	8	9	10
11	12	13	14	15	16	17	18	19	20
21	22	23	24	25	26	27	28	29	30

(2) 先在橘色 10 上用咖啡色 8 壓上去，看到剩下的橘色有 2 格，可以換成紅色 2，把橘色 10 拿走，第 2 行換成 1 片紅色 2，再把黃色 5 從 12 接下去，看到有 17 格。

1	2	3	4	5	6	7	8	9	10
11	12	13	14	15	16	17	18	19	20
21	22	23	24	25	26	27	28	29	30

(3) 咖啡色 8，可以分 5 和 3，先拿走黃色 5、再到第 2 行把橘色 10 換成灰黑色 7 和淺綠色 3，拿走淺綠色 3，剩下 17 格，答案是 17。

1	2	3	4	5	6	7	8	9	10
11	12	13	14	15	16	17	18	19	20
21	22	23	24	25	26	27	28	29	30

▶ 有這麼多的做法，這些方法都很好。25 扣掉 8 剩下 17，用算式要怎麼記呢？請寫在小白板上。

■ 學生記出 $25 - 8 = 17$。

▶ 在百數表上現在有 17 格，再拿走 8 格，會剩下幾格？做做看，把算式寫在白板上。

■ 學生操作後記出 $17 - 8 = 9$，其中 1 種做法如下圖。

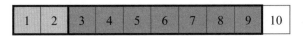

| 1 | 2 | 3 | 4 | 5 | 6 | 7 | 8 | 9 | 10 |

3.「百數清零」遊戲

(1) 學生 4 或 5 人 1 組，每組學生遊戲編號 1、2、……

(2) 每組 1 套透明條（每種顏色各 10 片）放在盒子裡（公用區），除了橘色 10 不拿以外，請每人從盒子裡各種顏色透明條都拿 1 片在自己的遊戲區。

(3) 放 1 張百數表和「百數清零」遊戲紀錄單在中間（如附件五）。

▶ 現在我們要來玩一個「百數清零」遊戲，請小朋友檢查自己的透明條，除了橘色 10 以外，每種顏色是不是都有 1 片（逐一檢查），小朋友要注意聽遊戲規則。

(1) 每組的百數表上先放 9 片橘色 10 和 1 片黃色 5，請小朋友從 1 號開始輪流，輪到的人要放出 1 片透明條，並在百數表拿走和放出的透明條 1 樣多格的透明條。

例如：百數表上是 95，輪到的人放出 1 片紅色 2，然後在百數表拿走 2 格，將黃色 5 換成淺綠 3。或是先到公用區拿淺綠色 3 和紅色 2 把黃色 5 換走，再拿走紅色 2。然後在遊戲紀錄單把你的座號、原來有幾格、拿走幾格、剩下幾格和算式寫在紀錄單上。（教師先提供說明如下圖）

| 81 | 82 | 83 | 84 | 85 | 86 | 87 | 88 | 89 | 90 |
| 91 | 92 | 93 | 94 | 95 | 96 | 97 | 98 | 99 | 100 |

如果百數表上是 95，輪到的人想減 9，就要放出藍色 9，再到百數表拿走和藍色一樣的 9 格。然後在遊戲紀錄單把你的座號、原來有幾格、拿走幾格、剩下幾格和算式寫在紀錄單上。（教師請學生拿透明條說明如下圖）

71	72	73	74	75	76	77	78	79	80
81	82	83	84	85	86	87	88	89	90
91	92	93	94	95	96	97	98	99	100

或

71	72	73	74	75	76	77	78	79	80
81	82	83	84	85	86	87	88	89	90
91	92	93	94	95	96	97	98	99	100

(2) 從百數表拿走透明條，完成遊戲紀錄單，寫好原來有幾格、拿走幾格、剩下幾格和算式後，要唸出「原來有多少，拿走多少，幾減幾等於多少。」例如：「原來有95格，拿走9格，剩下86格。」然後記上得分。

透明條拿對了得1分，算式也正確，可以再得到1分。

把得分寫好後，紀錄單傳給下一個輪到的人。

(3) 輪到你的時候，拿走透明條後剩下剛好1格的可以再得到5分，剛好拿完的可以加10分，遊戲就結束了。

但是，輪到你的時候，如果百數表上的透明條不夠拿，要被扣2分，遊戲也結束了。

(4) 最後我們要來算自己的總成績，算一下你總共拿到幾分，分數最高的獲勝！

附件一：透明條

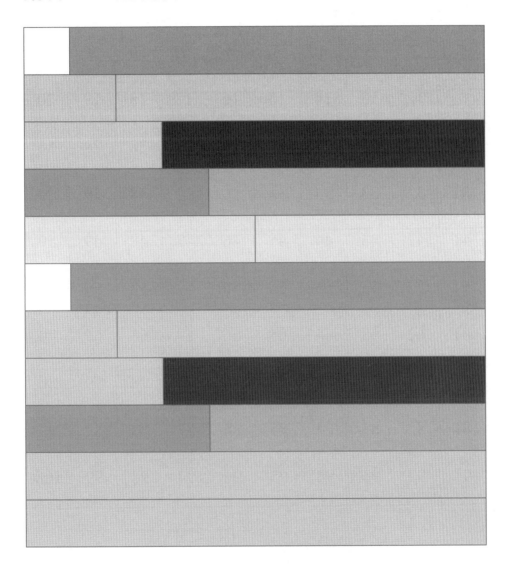

附件二：百數表

1	2	3	4	5	6	7	8	9	10
11	12	13	14	15	16	17	18	19	20
21	22	23	24	25	26	27	28	29	30
31	32	33	34	35	36	37	38	39	40
41	42	43	44	45	46	47	48	49	50
51	52	53	54	55	56	57	58	59	60
61	62	63	64	65	66	67	68	69	70
71	72	73	74	75	76	77	78	79	80
81	82	83	84	85	86	87	88	89	90
91	92	93	94	95	96	97	98	99	100

附件三：活動二「百數大進擊」遊戲紀錄單

	座號	已經放了幾格	再放進幾格	合起來有幾格	記成算式	得分
1						
2						
3						
4						
5						
6						
7						
8						
9						
10						
11						
12						
13						
14						
15						
16						

附件四：活動三「百數幾個幾」學習單

「2 的幾倍」紀錄表

幾個	幾的幾倍	百數表多少格	幾的幾倍等於多少
1 個 2	2 的 1 倍		2 的 1 倍等於（　）
2 個 2	2 的（　）倍		2 的（　）倍等於（　）
3 個 2	（　）的（　）倍		（　）的（　）倍等於（　）
4 個 2	（　）的（　）倍		（　）的（　）倍等於（　）
5 個 2	（　）的（　）倍		（　）的（　）倍等於（　）
6 個 2	（　）的（　）倍		（　）的（　）倍等於（　）
7 個 2	（　）的（　）倍		（　）的（　）倍等於（　）
8 個 2	（　）的（　）倍		（　）的（　）倍等於（　）
9 個 2	（　）的（　）倍		（　）的（　）倍等於（　）
10 個 2	（　）的（　）倍		（　）的（　）倍等於（　）

「5 的幾倍」紀錄表

幾個	幾的幾倍	百數表 多少格	幾的幾倍等於多少
1 個 5	5 的 1 倍		5 的 1 倍等於（　）
2 個 5	5 的（　）倍		（　）的（　）倍等於（　）
3 個 5	（　）的（　）倍		（　）的（　）倍等於（　）
4 個 5	（　）的（　）倍		（　）的（　）倍等於（　）
5 個 5	（　）的（　）倍		（　）的（　）倍等於（　）
6 個 5	（　）的（　）倍		（　）的（　）倍等於（　）
7 個 5	（　）的（　）倍		（　）的（　）倍等於（　）
8 個 5	（　）的（　）倍		（　）的（　）倍等於（　）
9 個 5	（　）的（　）倍		（　）的（　）倍等於（　）
10 個 5	（　）的（　）倍		（　）的（　）倍等於（　）

「4 的幾倍」紀錄表

幾個	幾的幾倍	百數表 多少格	幾的幾倍等於多少
1 個 4	4 的（　）倍		（　）的（　）倍等於（　）
2 個 4	（　）的（　）倍		（　）的（　）倍等於（　）
3 個 4	（　）的（　）倍		（　）的（　）倍等於（　）
4 個 4	（　）的（　）倍		（　）的（　）倍等於（　）
5 個 4	（　）的（　）倍		（　）的（　）倍等於（　）
6 個 4	（　）的（　）倍		（　）的（　）倍等於（　）
7 個 4	（　）的（　）倍		（　）的（　）倍等於（　）
8 個 4	（　）的（　）倍		（　）的（　）倍等於（　）
9 個 4	（　）的（　）倍		（　）的（　）倍等於（　）
10 個 4	（　）的（　）倍		（　）的（　）倍等於（　）

「3 的幾倍」紀錄表

幾個	幾的幾倍	百數表 多少格	幾的幾倍等於多少
1 個 3	3 的（　）倍		（　）的（　）倍等於（　）
2 個 3	（　）的（　）倍		（　）的（　）倍等於（　）
3 個 3	（　）的（　）倍		（　）的（　）倍等於（　）
4 個 3	（　）的（　）倍		（　）的（　）倍等於（　）
5 個 3	（　）的（　）倍		（　）的（　）倍等於（　）
6 個 3	（　）的（　）倍		（　）的（　）倍等於（　）
7 個 3	（　）的（　）倍		（　）的（　）倍等於（　）
8 個 3	（　）的（　）倍		（　）的（　）倍等於（　）
9 個 3	（　）的（　）倍		（　）的（　）倍等於（　）
10 個 3	（　）的（　）倍		（　）的（　）倍等於（　）

「**6 的幾倍**」紀錄表

幾個	幾的幾倍	百數表 多少格	幾的幾倍等於多少
1 個 6	6 的（　）倍		（　）的（　）倍等於（　）
2 個 6	（　）的（　）倍		（　）的（　）倍等於（　）
3 個 6	（　）的（　）倍		（　）的（　）倍等於（　）
4 個 6	（　）的（　）倍		（　）的（　）倍等於（　）
5 個 6	（　）的（　）倍		（　）的（　）倍等於（　）
6 個 6	（　）的（　）倍		（　）的（　）倍等於（　）
7 個 6	（　）的（　）倍		（　）的（　）倍等於（　）
8 個 6	（　）的（　）倍		（　）的（　）倍等於（　）
9 個 6	（　）的（　）倍		（　）的（　）倍等於（　）
10 個 6	（　）的（　）倍		（　）的（　）倍等於（　）

1	2	3	4	5	6	7	8	9	10
11	12	13	14	15	16	17	18	19	20
21	22	23	24	25	26	27	28	29	30
31	32	33	34	35	36	37	38	39	40
41	42	43	44	45	46	47	48	49	50
51	52	53	54	55	56	57	58	59	60
61	62	63	64	65	66	67	68	69	70
71	72	73	74	75	76	77	78	79	80
81	82	83	84	85	86	87	88	89	90
91	92	93	94	95	96	97	98	99	100

「8 的幾倍」紀錄表

幾個	幾的幾倍	百數表 多少格	幾的幾倍等於多少
1 個 8	8 的（　）倍		（　）的（　）倍等於（　）
2 個 8	（　）的（　）倍		（　）的（　）倍等於（　）
3 個 8	（　）的（　）倍		（　）的（　）倍等於（　）
4 個 8	（　）的（　）倍		（　）的（　）倍等於（　）
5 個 8	（　）的（　）倍		（　）的（　）倍等於（　）
6 個 8	（　）的（　）倍		（　）的（　）倍等於（　）
7 個 8	（　）的（　）倍		（　）的（　）倍等於（　）
8 個 8	（　）的（　）倍		（　）的（　）倍等於（　）
9 個 8	（　）的（　）倍		（　）的（　）倍等於（　）
10 個 8	（　）的（　）倍		（　）的（　）倍等於（　）

1	2	3	4	5	6	7	8	9	10
11	12	13	14	15	16	17	18	19	20
21	22	23	24	25	26	27	28	29	30
31	32	33	34	35	36	37	38	39	40
41	42	43	44	45	46	47	48	49	50
51	52	53	54	55	56	57	58	59	60
61	62	63	64	65	66	67	68	69	70
71	72	73	74	75	76	77	78	79	80
81	82	83	84	85	86	87	88	89	90
91	92	93	94	95	96	97	98	99	100

「7 的幾倍」紀錄表

幾個	幾的幾倍	百數表多少格	幾的幾倍等於多少
1 個 7	7 的（　）倍		（　）的（　）倍等於（　）
2 個 7	（　）的（　）倍		（　）的（　）倍等於（　）
3 個 7	（　）的（　）倍		（　）的（　）倍等於（　）
4 個 7	（　）的（　）倍		（　）的（　）倍等於（　）
5 個 7	（　）的（　）倍		（　）的（　）倍等於（　）
6 個 7	（　）的（　）倍		（　）的（　）倍等於（　）
7 個 7	（　）的（　）倍		（　）的（　）倍等於（　）
8 個 7	（　）的（　）倍		（　）的（　）倍等於（　）
9 個 7	（　）的（　）倍		（　）的（　）倍等於（　）
10 個 7	（　）的（　）倍		（　）的（　）倍等於（　）

1	2	3	4	5	6	7	8	9	10
11	12	13	14	15	16	17	18	19	20
21	22	23	24	25	26	27	28	29	30
31	32	33	34	35	36	37	38	39	40
41	42	43	44	45	46	47	48	49	50
51	52	53	54	55	56	57	58	59	60
61	62	63	64	65	66	67	68	69	70
71	72	73	74	75	76	77	78	79	80
81	82	83	84	85	86	87	88	89	90
91	92	93	94	95	96	97	98	99	100

「9 的幾倍」紀錄表

幾個	幾的幾倍	百數表 多少格	幾的幾倍等於多少
1 個 9	9 的（　）倍		（　）的（　）倍等於（　）
2 個 9	（　）的（　）倍		（　）的（　）倍等於（　）
3 個 9	（　）的（　）倍		（　）的（　）倍等於（　）
4 個 9	（　）的（　）倍		（　）的（　）倍等於（　）
5 個 9	（　）的（　）倍		（　）的（　）倍等於（　）
6 個 9	（　）的（　）倍		（　）的（　）倍等於（　）
7 個 9	（　）的（　）倍		（　）的（　）倍等於（　）
8 個 9	（　）的（　）倍		（　）的（　）倍等於（　）
9 個 9	（　）的（　）倍		（　）的（　）倍等於（　）
10 個 9	（　）的（　）倍		（　）的（　）倍等於（　）

1	2	3	4	5	6	7	8	9	10
11	12	13	14	15	16	17	18	19	20
21	22	23	24	25	26	27	28	29	30
31	32	33	34	35	36	37	38	39	40
41	42	43	44	45	46	47	48	49	50
51	52	53	54	55	56	57	58	59	60
61	62	63	64	65	66	67	68	69	70
71	72	73	74	75	76	77	78	79	80
81	82	83	84	85	86	87	88	89	90
91	92	93	94	95	96	97	98	99	100

附件五：活動四「百數清零」遊戲紀錄單

	座號	原來有 幾格	我拿走 幾格	還剩下 幾格	記成算式	得分
1						
2						
3						
4						
5						
6						
7						
8						
9						
10						
11						
12						
13						
14						
15						
16						

秤斤論兩

壹 設計理念說明

　　重量是培養與發展學生量感的重要數學材料，學生可藉由對物件重量的感覺發展數學數值和單位的轉換，並能藉由情境中的物件重量變化，培養學生數學運算、推理與測量的能力。生活當中充斥了各種具有重量屬性的物件，學生可藉由重量的屬性判斷輕重的比較，並透過其所產出的單位進行運算，以解決生活中交易的問題及抽象思維的培養。本活動藉由生活中實際接觸到的磅秤操作，透過重量的測量理解重量的概念及單位之間的關係；藉由動手操作、測量的運用，觀察磅秤指針位置的變化進行數學推理與解題，並能藉由觀察與討論得知影響物件重量的相關要素，進而運用合適的策略和方法解決重量的問題。本活動透過不同磅秤的比較與分析，理解重量保留概念，鼓勵學生利用工具配合多種策略，測量物件的重量，能估測與實測指定的物件重量，並能推理正確解題；在學習歷程中能與他人合作分享解題的方法和思考，能堅持完成交付的操作任務。

貳　數學核心素養

本研究活動實施後欲達成之核心素養如下：

1. 數-E-A1 具備喜歡數學、對數學世界好奇、有積極主動的學習態度，並能將數學語言運用於日常生活中。
2. 數-E-A2 具備基本的算術操作能力，並能指認基本的形體與相對關係，在日常生活情境中，用數學表述與解決問題。
3. 數-E-A3 能觀察出日常生活問題和數學的關聯，並能嘗試與擬訂解決問題的計畫。在解決問題後，能轉化數學解答於日常生活的應用。
4. 數-E-C1 具備從證據討論事情，以及和他人有條理溝通的態度。
5. 數-E-C2 樂於與他人合作解決問題並尊重不同的問題解決想法。

參　學習目標

本活動的內容適合國小二、三年級學生學習，設計配合之學習表現和學習內容指標如下：

1. 學習表現

n-I-7　理解長度及其常用單位，並做實測、估測與計算。

n-I-8　認識容量、重量、面積。

n-II-9　理解長度、角度、面積、容量、重量的常用單位與換算，培養量感與估測能力，並能做計算和應用解題。認識體積。

2. 學習內容

N-2-12 容量、重量、面積：以操作活動為主。此階段量的教學應包含初步認識、直接比較、間接比較（含個別單位）。不同的量應分不同的單元學習。

N-3-4　除法：除法的意義與應用。基於 N-2-9 之學習，透過幾個一數的解題方法，理解如何用乘法解決除法問題。熟練十十乘法範圍的除法，作為估商的基礎。

N-3-16 重量：「公斤」、「公克」。實測、量感、估測與計算。單位換算。

肆　學生學習常見之迷思概念

在學習重量概念與測量時，學生常會出現以下錯誤或迷思的概念：

1. 認為每種磅秤之單位刻度都一樣，指針都在同一位置上。
2. 認為 1 公斤等於 100 克。
3. 認為大物件重量較大，小物件重量較小。

伍　活動設計內容

1. 活動所需材料

本活動進行時，須準備 500 公克、1000 公克與 3 公斤（1000g）的磅秤、生活物品、紀錄單、筆、不同磅秤秤面圖示（如附件）。

2. 活動內容與進行方式

項次	活動目標	教具	教學進行方式
活動一： 我有多重？	透過觀察推理出物件之重量	500 公克、1000 公克與 3 公斤的磅秤、生活物品、紀錄單、筆	觀察記錄 探究討論 發表分享
活動二： 觀察秤面有什麼不同？	透過觀察比較了解磅秤指針與重量單位刻度的關係	500 公克、1000 公克與 3 公斤的磅秤、生活物品、紀錄單、筆	觀察記錄 探究討論 發表分享

項次	活動目標	教具	教學進行方式
活動三： 杯子和水有多重？	進行估測與實測，正確使用磅秤測量物件重量	500 公克、1000 公克與 3 公斤的磅秤、生活物品、紀錄單、筆	觀察記錄 探究討論 發表分享
活動四： 看圖做做看並記錄	透過磅秤正確測量物件重量，並能應用解題	500 公克、100 公克與 3 公斤的磅秤、生活物品、紀錄單、筆	觀察記錄 探究討論 發表分享
活動五： 物品重量的估測和實測	透過觀察磅秤指針的變化，推理並能應用解題	500 公克、1000 公克與 3 公斤的磅秤、生活物品、紀錄單、筆	觀察記錄 探究討論 發表分享
活動六： 重量推理	透過觀察磅秤指針的變化，推理並能應用解題	圖片、紀錄單、筆	觀察記錄 探究討論 發表分享
活動七： 解題與思維	透過觀察磅秤指針的變化，推理並能應用解題	圖片、紀錄單、筆	觀察記錄 探究討論 發表分享

3. 活動說明

　　本活動可透過 2（3）人 1 組進行操作、觀察、記錄與發表，教師於課室活動進行時可將所需教具依程序先行準備，發放給學生使用，並說明問題目的，分配學生任務，要求學生參與。

活動一：我有多重？

　　小華是贏光國小少棒隊的當家投手，勤奮加上天分，頗受教練器重。他每天早上要帶著全套的棒球道具到場上練習，這些道具包含球棒 1 支、投手的手套 1 個、棒球 2 顆、手和腳的護膝 1 套。當從家裡出發時，他都會事先檢查裝備是否齊全，然後滿心愉悅的帶著這些道具往球場前進，一點也不覺得辛苦。有天妹妹要幫他的忙，協助揹這套道具到

球場，當她一提起來時，大聲地喊叫：好重喔！到底小華的棒球袋裡的這些道具有多重呢？

1. 要怎麼知道棒球、球套、球棒和護膝的重量各有多重？你會從哪裡找尋資料？

   ■ 學生可使用的方法：上網找資料、詢問棒球選手、用手掂掂看然後估計、用秤實際測量。

   ▶ 使用這些方法找出道具的重量有什麼優、缺點？大家說說看。

2. 要精確地知道這些道具的重量，我們需要怎麼做？

   ■ 準備道具、磅秤、測量的知識（指針的位置、刻度表示的重量單位）、測量的技術、重量的報讀……

   ▶ 為什麼要具備這些條件呢？有何作用？

3. 大家一起使用磅秤來測量物件的重量

物品＼重量	棒球	球棒	手套	護膝
預估的重量				
秤面的重量				

   ▶ 為什麼同樣一顆棒球，大家測量出來的重量都不相同呢？是什麼原因？大家討論一起找出原因來。

   ■ 重量誤差的原因：磅秤的種類、磅秤刻度判讀錯誤、磅秤不準確、棒球放置在秤盤上的位置不同、觀察不仔細、磅秤不精確。

活動二：觀察秤面有什麼不同？

　　曉華陪媽媽到市場買東西，在不同的攤位上看到了許多不同的磅秤，這些磅秤有什麼不同之處呢？為什麼不同呢？各有什麼功能？以下分別為秤 500 公克、1000 公克和 3 公斤重物品的磅秤及其秤面，大家

仔細觀察，這三種磅秤有何相同和差異的地方。

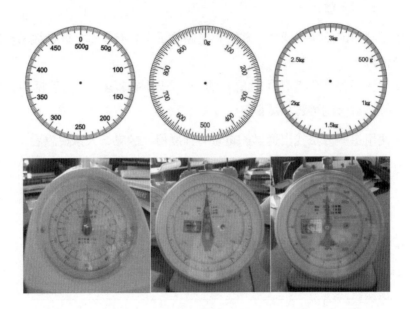

1. **相同之處**：秤面都是圓的、秤面都有標示刻度、都有指針、指針都停在 0 的位置、秤面的圓圈刻度有兩種、都有秤盤可以承載物件⋯⋯

2. **差異之處**：刻度上的數字不同、刻度的疏密不同、能夠秤出物件的重量不同（限制）。

3. **認識秤面**
   ■ 觀察秤面後，分別找出這三種秤面 100 公克處，並標示出它的位置。（作業單）
   ■ 再分別找出這三種秤面 500 公克處，並標示出其位置。（附件）

   ▶ **觀察並思考：放同樣重的東西在這三種磅秤上，為何指針在磅秤秤面上的位置會有所不同？說說看你的理由。**
   ■ 因為不同的磅秤其刻度的重量單位不同。

   ▶ **說說看這三種磅秤最多可以秤的物品重量是多少？為什麼？**

   ▶ **秤秤看，曉華的棒球袋裝備總共有多重？**

活動三：杯子和水有多重？

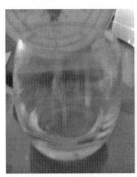

　　生活中我們用杯子裝水飲用，杯子有多重呢？喝掉的水有多重呢？你可以用目測的方式精準地說出它們的重量嗎？這時候測量的工具就可以協助我們知道這些物體較準確的重量。首先我們須了解這些磅秤的構造及秤面上指針所指表示的意義。

1. 將空的玻璃杯放到磅秤的秤盤上，觀察秤面的指針位置指在哪裡？
  空杯子有多重？（150公克）
  ■ 放上空的玻璃杯時，觀察磅秤上的指針指在哪裡，其刻度是空的
  　玻璃杯的重量。

2. 將杯子倒入清水，讓磅秤秤面的指針指到450公克處，說說看倒入
  的清水有多重？為什麼？
  ■ 放上裝水的玻璃杯時，觀察磅秤上的指針指在哪裡，其刻度是空
  　的玻璃杯和裝入清水後的重量。

活動四：看圖做做看並記錄

　　小美聚集了同學在家裡製作美味的壽司作為為點心，準備讓大家聚餐時共享，這些壽司點心的重量經過大家利用磅秤實際測量後如下圖所示，實際測量之後的重量確實正確嗎？請大家驗證之後並在下面的秤面做上記錄。

實際測量並解決問題：

1. 將 2 盤山葵壽司放在 500 克的磅秤秤盤上，指針會指在秤面上的哪裡，請畫出它的位置。

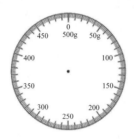

2. 再將醬油瓶放到剛才放 2 盤山葵壽司的磅秤秤盤上，此時指針位置會指在哪裡？這些物品總共多重？（此秤的指針產生什麼變化？如何處理？）

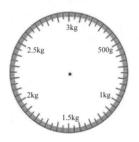

3. 將 2 盤鮭魚壽司放在 1000 公克的磅秤秤盤上，指針指的位置是幾公克？距離 1000 公克還需要多少公克？

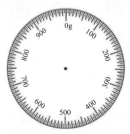

4. 要將這 5 種物品總共的重量秤出，用哪種磅秤會較適合？為什麼？

5. 這 5 種物品總共的重量是多少？磅秤秤面上的指針會指在哪裡？

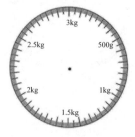

6. 小美總共秤了 1800 公克的物品，說說看她可能拿了什麼物品？

7. 曉華拿了 2 種物品，重量沒超過 500 克，他可能拿了什麼物品？

8. 慶東拿了 3 盤壽司作為午餐，重量介於 800 克至 1000 克之間，他可能拿了什麼物品？

活動五：物品重量的估測和實測

1. 找出周圍的 5 種物品，例如課本、鉛筆盒、水壺……等，估測它們有多重，記錄它們可能的重量。

2. 將這 5 種物品放在秤盤上利用磅秤秤出重量，在秤面上畫出指針的位置，並將秤出的重量記錄在下表中。

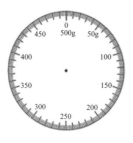  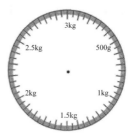

物品名稱					
估測重量					
實際重量					

3. 說說看對這 5 種物品的估測和實測爲何有此差異？

活動六：重量推理

1. 觀察以下圖像，想想看每種水果有多重？並將結果記錄在下表中。

物品名稱	蘋果	橘子	酪梨	檸檬	哈密瓜	香蕉
每一個實際重量						

(1) 哪種水果最重？每個是幾公克？

(2) 哪種水果最輕？每個是幾公克？

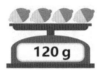

(3) 蘋果和香蕉比較，哪種水果比較重？爲什麼？

(4) 小華的袋子裡裝了幾個水果，它們的重量總共是 360 克，小華袋子裡裝了什麼樣水果？各幾個？

(5) 小明說他的袋子裡裝了 6 個水果，它們的重量總共是 300 克，小明的袋子裡裝了什麼樣的水果？

2. 小明將他收藏的玩具放在秤上，觀察後計算出每種玩具有多重？

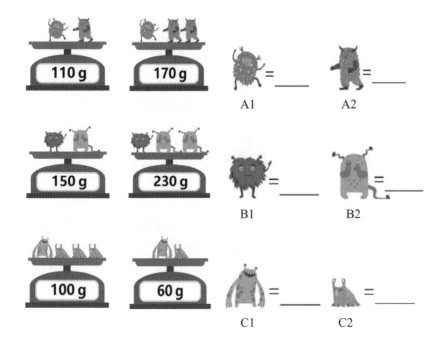

物品名稱	A1	A2	B1	B2	C1	C2	D1	D2
每一個實際重量								

(1) 幾個 D2 玩具的重量才會和 1 個 A2 玩具的重量一樣？是幾公克？

D2　　　　　　A2

(2) 2 個 B2 玩具的重量會和幾個 C1 玩具的重量一樣？是幾公克？

C1　　　　　　B2

(3) 1 個 B1 玩具的重量會和哪些玩具合起來的重量一樣？

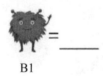

B1

(4) 小華的袋子裡裝了一些玩具，它們的重量總共是 400 克，小華袋子裡裝了什麼樣的玩具？說說看你是怎麼做的？

活動七：解題與思維

1. 先加後減

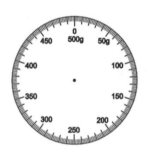

▶ 將 2 個 B1 玩具放在左邊磅秤的秤盤上，指針會在秤面上的哪個位置上？

B1　　　　　　B1

▶ 再將 2 個 B2 玩具放在上圖已放 2 個 B1 玩具磅秤的秤盤上，指針會在秤面上的哪個位置？

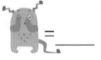

B2　　　　B2　　　　B1　　　　B1

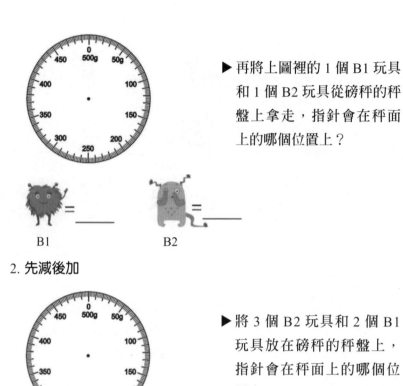

▶ 再將上圖裡的 1 個 B1 玩具和 1 個 B2 玩具從磅秤的秤盤上拿走，指針會在秤面上的哪個位置上？

B1 ＝ _____　　B2 ＝ _____

2. 先減後加

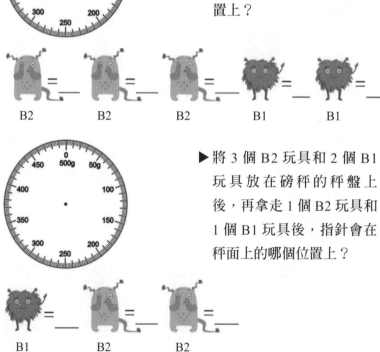

▶ 將 3 個 B2 玩具和 2 個 B1 玩具放在磅秤的秤盤上，指針會在秤面上的哪個位置上？

B2 ＝ ___　B2 ＝ ___　B2 ＝ ___　B1 ＝ ___　B1 ＝ ___

▶ 將 3 個 B2 玩具和 2 個 B1 玩具放在磅秤的秤盤上後，再拿走 1 個 B2 玩具和 1 個 B1 玩具後，指針會在秤面上的哪個位置上？

B1 ＝ _____　B2 ＝ _____　B2 ＝ _____

▶繼上題，再將 3 個 D2 玩具
　和 2 個 A1 玩具放在磅秤的
　秤盤上後，指針會在秤面
　上的哪個位置上？

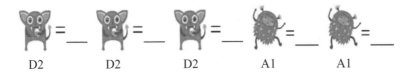

D2　　　　D2　　　　D2　　　　A1　　　　A1

3. 加減混合運算

▶左邊磅秤秤盤上放
　3 個 B2 玩具，右
　邊的磅秤秤盤上要
　放什麼玩具，指針
　在秤面上的位置才
　會一樣？

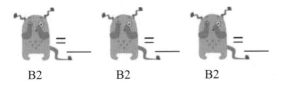

B2　　　　　B2　　　　　B2　　　　？

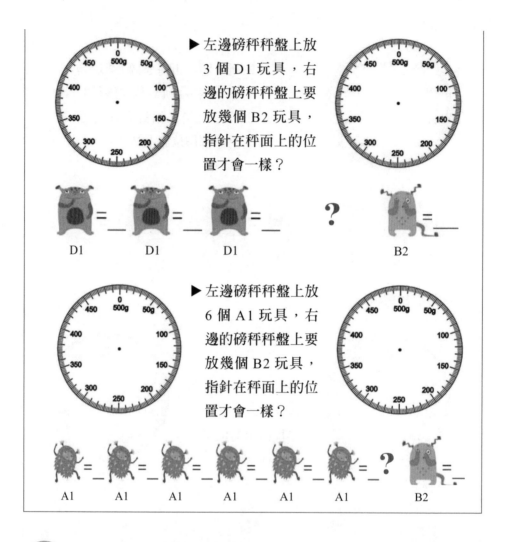

▶ 左邊磅秤秤盤上放 3 個 D1 玩具，右邊的磅秤秤盤上要放幾個 B2 玩具，指針在秤面上的位置才會一樣？

▶ 左邊磅秤秤盤上放 6 個 A1 玩具，右邊的磅秤秤盤上要放幾個 B2 玩具，指針在秤面上的位置才會一樣？

陸　對活動任務的省思

1. 能對設計的任務或現有的任務進行修改以適應教學可用的數學目標。

2. 能辨認學生的工作或與數學目標相關的行動的重要特徵，並加以說明和操作引導。

3. 能根據觀察到學生的產出或展示的策略及其對任務的反應來解釋學生的理解，進行形成性評量。

4. 能協調和分類學生的思維，以解決未來教學中不同層次的策略和推理。

附件

500 公克磅秤

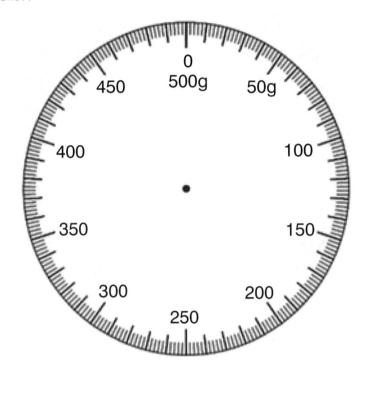

1000 公克磅秤

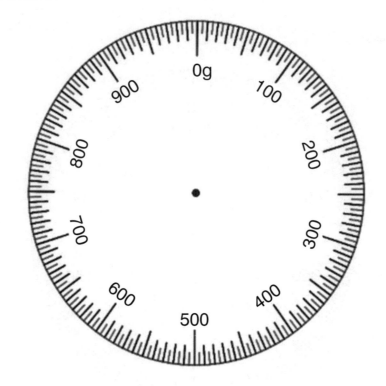

3000 公克磅秤

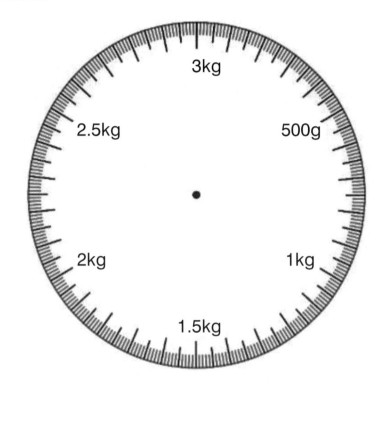

成雙成對

 壹 設計理念說明

　　空間與形狀是數學領域「數」、「量」、「形」三大主軸中相當重要的一個部分，人類科技將日常生活中的視覺從 2D 的平面帶入 3D 立體空間，從過去完整簡單形體帶入充滿變化的流線感，因此，透過課程設計引導學生從不同角度觀察生活環境中的形體，找尋對稱、平衡、規律，從而發現物體間的相對關係、幾何性質，對於培養以多面向解決複雜生活情境的能力有相當大的助益。日常生活與自然現象中，對稱現象隨處可見，也經常是空間設計常使用的技法，但在數學教材中，卻僅有五年級「線對稱圖形」一個單元提及，內容安排也多強調對稱軸、對稱點等數學知識，鮮少引導孩子觀察、欣賞、創作更多元圖形的機會。本活動設計藉由鏡射圖形觀察、作圖、摺紙等活動，引發學生觀察、創作的能力，再結合簡單幾何圖形的複製，運用平移、旋轉、翻轉等操作活動，深化學生線對稱圖形概念。

貳　數學核心素養

本研究活動實施後欲達成之核心素養如下：

1. 數-E-A2 具備基本的算術操作能力，並能指認基本的形體與相對關係，在日常生活情境中，用數學表述與解決問題。
2. 數-E-B3 具備感受藝術作品中的數學形體或式樣的素養。
3. 數-E-C2 樂於與他人合作解決問題並尊重不同的問題解決想法。
4. 數-E-C3 具備理解與關心多元文化或語言的數學表徵的素養，並與自己的語言文化比較。

參　學習目標

本活動的內容，設計配合之學習表現和學習內容指標如下：

1. 學習表現

s-I-1　從操作活動，初步認識物體與常見幾何形體的幾何特徵。

s-II-2　認識平面圖形全等的意義。

s-II-4　在活動中，認識幾何概念的應用，如旋轉角、展開圖與空間形體。

s-III-6　認識線對稱的意義與其推論。

2. 學習內容

S-1-2　形體的操作：以操作活動為主。描繪、複製、拼貼、堆疊。

S-3-4　幾何形體的操作：以操作活動為主。平面圖形的分割與重組。初步體驗展開圖如何黏合成立體形體。知道不同之展開圖可能黏合成同一形狀之立體形體。

S-4-6　平面圖形的全等：以具體操作為主。形狀大小一樣的兩圖形全等。能用平移、旋轉、翻轉做全等疊合。全等圖形之對應角相等、對應邊相等。

S-5-3 扇形：扇形的定義。「圓心角」。扇形可視為圓的一部分。將扇形與分數結合（幾分之幾圓）。能畫出指定扇形。

S-5-4 線對稱：線對稱的意義。「對稱軸」、「對稱點」、「對稱邊」、「對稱角」。由操作活動知道特殊平面圖形的線對稱性質。利用線對稱做簡單幾何推理。製作或繪製線對稱圖形。

肆 學生學習常見之迷思概念

在學習本單元時，學生常會出現以下錯誤或迷思的概念：

1. 混淆點對稱圖形為線對稱圖形。
2. 對稱軸歪斜時就無法判斷為對稱圖形。
3. 將平行和對稱關係混淆。
4. 容易從中央畫出一條直線的圖形就被當成對稱圖形。
5. 無法關注整個圖形，只考慮其中一部分。
6. 只能處理簡單線條的圖形。
7. 沒有格線輔助時就無法判斷或複製對稱圖形。

伍 活動設計內容

1. 活動所需材料

鏡子、六形六色板、連方塊、色紙、剪刀、學習單、彩色筆。

2. 進行方式

項次	活動目標	教具	教學進行方式
活動一： 鏡中世界	覺察鏡像與實物方向相反，並能畫出對稱圖形	六形六色板、鏡子、學習單	觀察記錄 探究討論 發表分享

項次	活動目標	教具	教學進行方式
活動二： 小積木大學問	覺察立體鏡像與實物的相對應關係，並能做出立體鏡像造型。	連方塊、鏡子、學習單、彩色筆	觀察記錄 探究討論 發表分享
活動三： 尋找對稱軸	不受圖形方向的影響，能從圖形中找出對稱軸	鏡子、學習單	觀察記錄 探究討論 發表分享
活動四： 千變萬化	能連結張開角的變化覺察連續對稱圖形之間的關係。	鏡子、學習單、彩色筆	觀察記錄 探究討論 發表分享

3. 活動說明

　　本教學活動利用單片鏡子、雙片鏡子產生的鏡像引入對稱軸概念，同時結合三角形的翻轉全等概念，深化學生對全等、對稱的基礎概念。教學時宜鼓勵學生轉動學習單或站起來換個方向觀察，遷移到能以多元觀點思考問題，也應給學生自行創作設計的機會，不要受教材限制。

活動一：鏡中世界

　　假日時，小美和家人一起參觀位於彰化鹿港的「臺灣玻璃館」，館中有一條「黃金隧道」，是由玻璃打造成的隧道，隧道中會從四面八方反射人影、光影形成一座迷宮，小美在玻璃迷宮中看到無數個自己，一直驚嘆不已。回家途中，她一直問：鏡子裡的世界和我們都一樣嗎？為了解決她的疑惑，爸爸設計了一系列的活動和她一起體驗。

1. 請拿出六形六色板，在桌上擺出一個你喜歡的圖案，再將鏡子靠上去，看看鏡子裡出現了什麼？說說看你發現了什麼？

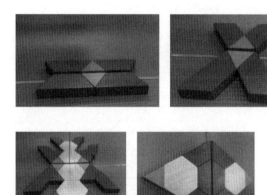

2. 在沒有鏡子的情況下，請你使用六形六色板排出會在鏡子裡出現的圖案。（學習單一）

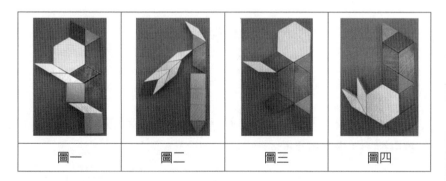

| 圖一 | 圖二 | 圖三 | 圖四 |

■ 提供學生形色板仿作鏡像圖案時，教師可嘗試將圖像斜放 30 度或 60 度，避免學生產生直觀迷思。

3. 在學習單上完成鏡像圖案，並塗上顏色。（學習單二）

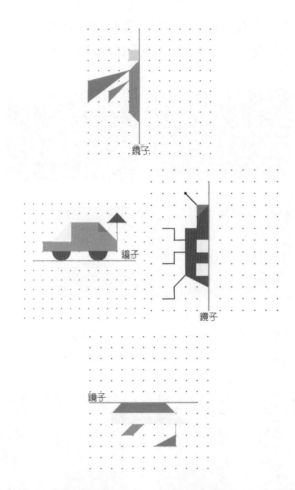

4. 請用鏡子檢查學習單裡的三角形，每條邊都檢查看看再把結果畫在學習單裡。（學習單三）

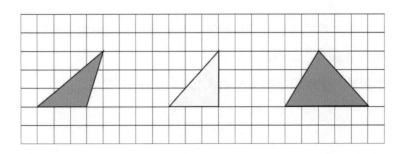

■利用銳角、直角、鈍角觀察鏡像是翻轉全等圖形概念，可以出現
　箏形、內凹四邊形等圖形，對於衝擊學生幾何圖形直觀概念有很
　大幫助。

活動二：小積木大學問

1. 觀察看看將連方塊拼起來之後在鏡子裡發生的變化也和平鋪在桌面
　的形色板的結果一樣嗎？做做看，並和同學分享你的發現！

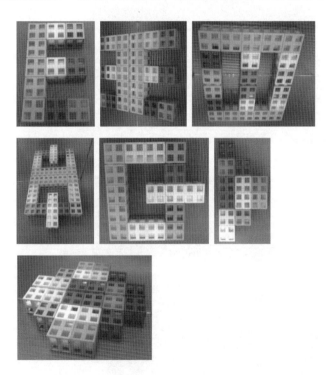

2. 試著做做看，可以使用鏡子來協助操作或檢查，拼出鏡子中的另一
　半！並把它畫下來。（學習單四）

■教學時只呈現一組中的一個，讓學生自行決定要用哪個方向靠著
　鏡子檢查，做出來的圖案與教師的圖案或同學的圖案可透過旋轉、
　翻轉來檢查是否相同，不要刻意要求固定方向。

圖一

圖二

圖三

圖四

圖五

圖六

3. 在學習單的格子上塗上顏色，完成鏡像圖案的另一半。（學習單五）

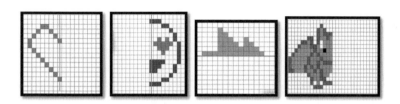

■ 可鼓勵學生自行延伸概念創作更多圖形。

活動三：尋找對稱軸

1. 用鏡子找找看，哪些圖案上可以找到對稱軸？可以發現幾條對稱
   軸？在學習單上把對稱軸畫下來！（學習單六）

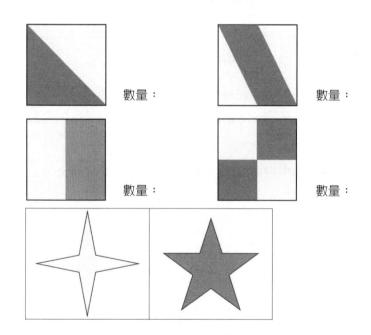

數量：　　　　　　　　　　　　　　　數量：

數量：　　　　　　　　　　　　　　　數量：

■ 當學生已經發現鏡子可以找出全等圖像時，教師可以直接宣告「對
　稱軸」這個名詞，再藉由多元的體驗活動發現有些圖案的對稱軸

不只一條。教學歷程中要鼓勵學生轉動學習單，養成從不同角度觀察、思考的習慣，破除直觀迷思。

2. 觀察對稱軸的方向，完成學習單中的圖案，並說說為什麼你會這樣思考？（學習單七）

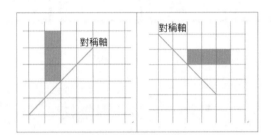

■ 對稱軸傾斜時不容易判斷對稱圖形，可讓學生發表自己的問題解決方法，教師不宜直接指導。

活動四：千變萬化

　　一個圖形在鏡中會出現另一個相反的自己，那如果同時有兩面鏡子呢？我們將兩面鏡子的一邊黏合在一起，讓這面鏡子可以開合時再來試試！

1. 將鏡子打開擺到學習單上來看看，再將鏡中的影像畫下來。（學習單八）

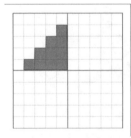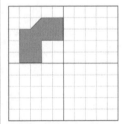

■指導四格的對稱圖形時要留意不是每個圖形都可以使用剪紙的方式檢查，若學生利用剪裁處理也不要阻止，應讓學生有多元的嘗試機會。若發現剪開後紙張會分離，就可趁機追問設計剪紙圖案時應該注意哪些事項。

2. 將鏡子擺放到下面的紙張上，觀察鏡子張開角度不同時會發生什麼現象？

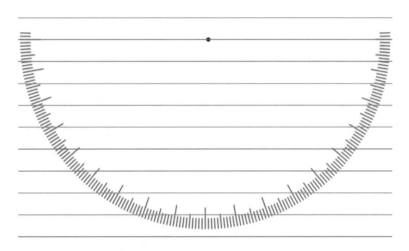

 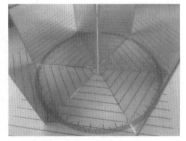

■引導學生觀察角度變化與線條關係，可帶入張開角、圓心角、正多邊形的概念，將所學概念整合討論。

3. 將鏡子張開角度結合對稱軸的概念，觀察學習單中的圖形完成連續對稱圖形。（學習單九）

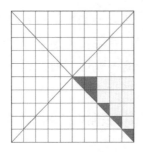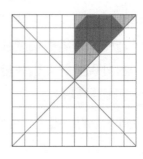

陸　對活動任務的省思

1. 教具中使用的鏡子購買不易,且使用上要留意安全。
2. 本教學活動涉及範圍極廣泛,日常生活中隨處可見對稱圖形,因此要鼓勵學生發揮創意自行設計,避免因教學設計的限制阻礙學生思考。
3. 提供學生相互觀摩、討論的機會,藉由相互激盪引發更多想法。

學習單一

使用形色板排出鏡像的圖案。

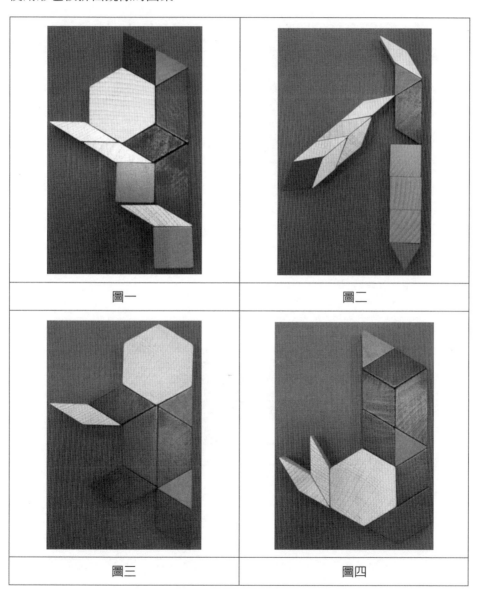

| 圖一 | 圖二 |
| 圖三 | 圖四 |

學習單二

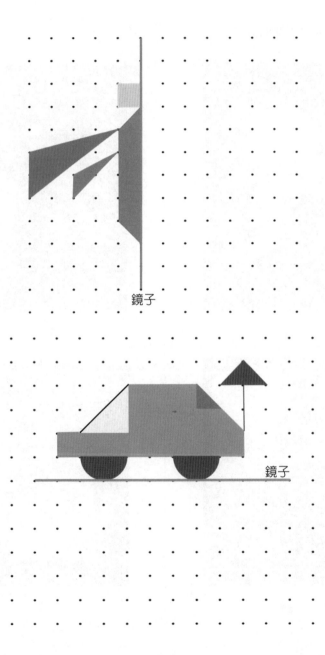

鏡子

鏡子

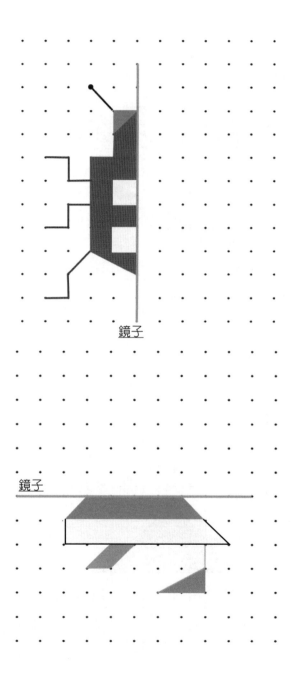

鏡子

鏡子

學習單三

使用鏡子檢查三角形每個邊，再把鏡像圖案畫下來。

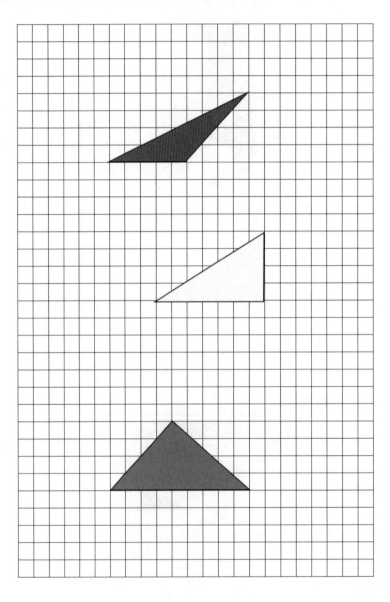

學習單四

積木	鏡像畫畫看

學習單五

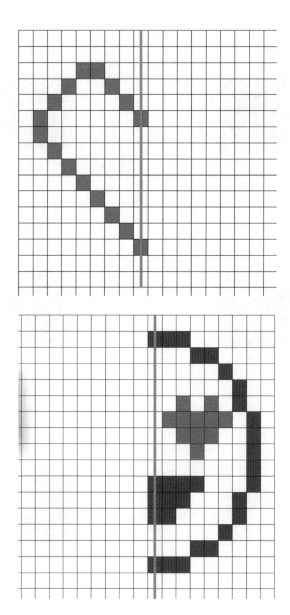

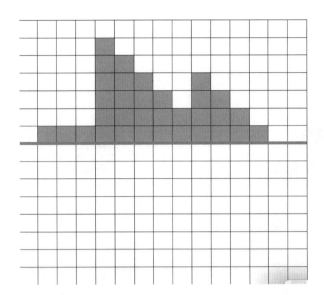

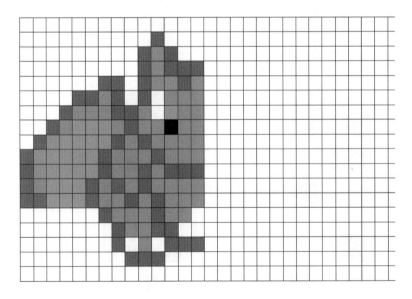

學習單六

將每一個圖案盡可能畫上對稱軸，並將對稱軸數量寫下來。

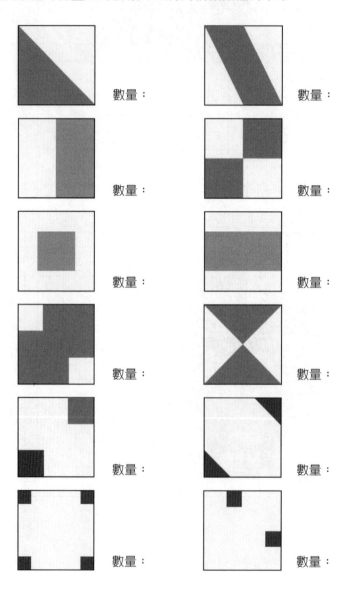

數量：

數量：

數量：

數量：

數量：

數量：

數量：

數量：

數量：

數量：

數量：

數量：

請把下列圖形的所有對稱軸畫出來。

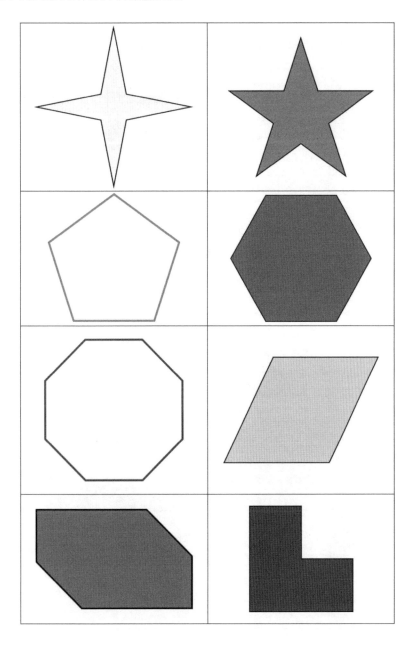

學習單七

依照每一個圖案的對稱軸完成對稱圖形。

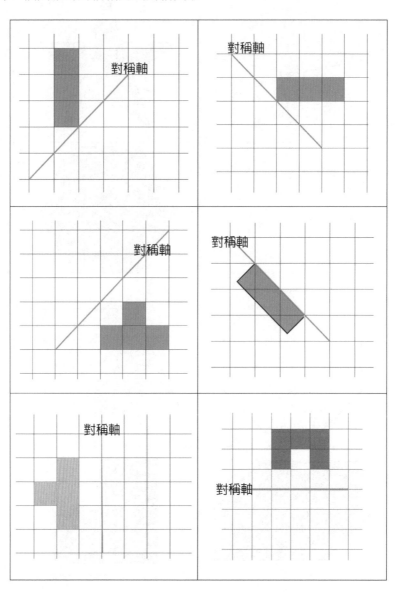

學習單八

放上鏡子檢查看看，完成對稱圖形。

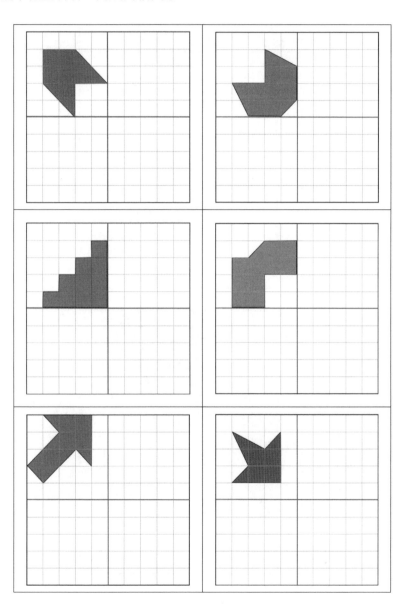

學習單九

沿著對稱軸完成整幅圖形。

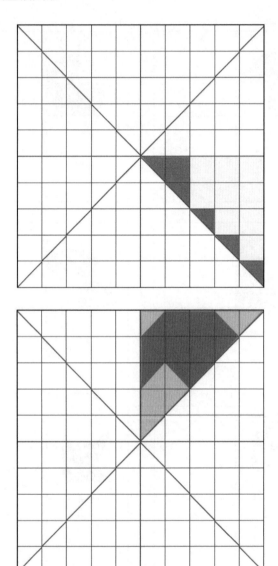

單元 **5**

面面俱到──
幾何圖形學分數

設計理念說明

　　國小階段的數學課程中，分數的議題相當重要，它是日後學生學習小數、比值、比率、速率……等概念的先備知識，也經常是學生數學學習最困難的一部分。有效的數學教學重點在於如何使用各種表徵促進學習，教師在教導數學任務時應注意表徵的使用，如何有效的運用表徵，將是影響學生學習的關鍵。在分數學習的歷程中，學生經常對數學解題感到困擾，學生要能理解分數概念，需要教師協助其運用表徵掌握分數概念的形成和發展，才能獲得成效，因此常建議教師使用各種表徵來協助引導學生理解分數的意義。在分數學習的單元上，最常作為學習教材的表徵有面積、離散量和數線表徵，可依不同情境及學生的需要來呈現，若是能挑選或編排適合學生學習的表徵，應能有效提升學生分數學習的成效。數學的訊息通常以視覺方式呈現，也是組織、擴展或替換其他表示方法的一種，數學中的視覺表徵形式涉及創建、形成反映數學訊息的模型。數學學習的過程，涉及視覺化模型的呈現和理解，學生在數學學習時會使用許多解決問題的策略，能夠察覺情境而建立不同的視覺模型以理解問題。面積表徵是將整個區

域劃分為相等的部分，這種表徵最常以各種幾何形狀呈現給學生，並且在課程材料和學校教科書中占主導地位。面積表徵在分數的教學中獲得許多學者和教師的支持，它不但闡明了分數的整體概念，也清楚說明分數的意義（部分相對於整體的大小）。

　　學生有機會可以以一個長度作為單位，用大於零的角度穿過另一個長度的連續物理（掃描）運動，動態地生成面積。同時，他們將得到的面積作為測量單位進行剖析。單位剖析廣義上是指將空間分解為任何形狀或大小的相同等分，學生透過一個長度物理移動以生成一個面積時，這一動作與將面積視為兩個長度相乘組合的觀點一致。Thompson（1993, 1994, 2011）提出了用不同單位測量邊長的矩形的情況。他指出，這種情況需要將面積此產物理解為連續的並由長度的組合產生。因此，我們假設學生使用不同測量單位的長度來生成矩形面積。我們預計，透過以 b 單位測量的長度，以 a 倍單位數將促進乘法組合，反過來，將透過挑戰以解剖 a×b 單位生成的結果面積的測量來引導，將面積視為透過另一長度移動而產生的連續量。例如在矩形中，當一側向另一側移動時，面積將接近於零。這種方法的前提是，即使在不存在運動的情況下，設想圖形面積也可以動態地產生想像運動的傾向。本活動透過面積測量方式，協助師生透過以幾何圖形作為單位，並以部分和整體的比較對照了解分數意義，並進行分數加減的應用。

貳　數學核心素養

　　本研究活動實施後欲達成之核心素養如下：

1. 數-E-A1 具備喜歡數學、對數學世界好奇、有積極主動的學習態度，並能將數學語言運用於日常生活中。

2. 數-E-A2 具備基本的算術操作能力，並能指認基本的形體與相對關係，在日常生活情境中，用數學表述與解決問題。

3. 數-E-A3 能觀察出日常生活問題和數學的關聯，並能嘗試與擬訂解決問題的計畫。在解決問題後，能轉化數學解答於日常生活的應用。

4. 數-E-C1 具備從證據討論事情，以及和他人有條理溝通的態度。

5. 數-E-C2 樂於與他人合作解決問題並尊重不同的問題解決想法。

參 學習目標

　　本活動的內容，設計配合之學習表現和學習內容指標如下：

1. 學習表現

n-I-7　理解長度及其常用單位，並做實測、估測與計算。

n-I-8　認識容量、重量、面積。

n-II-6　理解同分母分數的加、減、整數倍的意義、計算與應用。認識等值分數的意義，並應用於認識簡單異分母分數之比較與加減的意義。

n-II-9　理解長度、角度、面積、容量、重量的常用單位與換算，培養量感與估測能力，並能做計算和應用解題。

2. 學習內容

N-2-12　容量、重量、面積：以操作活動為主。此階段量的教學應包含初步認識、直接比較、間接比較（含個別單位）。不同的量應分不同的單元學習。

S-2-4　平面圖形的邊長：以操作活動與直尺實測為主。認識特殊幾何圖形的邊長關係。含周長的計算活動。

S-2-5　面積：以具體操作為主。初步認識、直接比較、間接比較（含

個別單位）。

N-3-9　簡單同分母分數：結合操作活動與整數經驗。簡單同分母分數比較、加、減的意義。牽涉之分數與運算結果皆不超過 2。以單位分數點數為基礎，連結整數之比較、加、減。知道「和等於 1」的意義。

N-3-14 面積：「平方公分」。實測、量感、估測與計算。

N-4-5　同分母分數：一般同分母分數教學（包括「真分數」、「假分數」、「帶分數」名詞引入）。假分數和帶分數之變換。同分母分數的比較、加、減與整數倍。

N-4-6　等值分數：由操作活動中理解等值分數的意義。簡單異分母分數的比較、加、減的意義。簡單分數與小數的互換。

S-4-3　正方形與長方形的面積與周長：理解邊長與周長或面積的關係，並能理解其公式與應用。簡單複合圖形。

肆　學生學習常見之迷思概念

在學習本單元時，學生常會出現以下錯誤或迷思的概念：
1. 常會將不同大小部分呈現的分子皆當作一樣，忽略代表整體的分母意義。
2. 混淆面積和周長概念，誤用公式解題。
3. 認為分子或分母的數字越大，其值就越大，誤解等值分數的意義。
4. 分數加減運算能力不足。

伍　活動設計內容

1. 活動所需材料

七巧板、六形六色造型積木、書本、紀錄單、筆、保鮮膜、釘

板、橡皮筋及學習單。

2. 進行方式

項次	活動目標	教具	教學進行方式
活動一： 怎麼拼？到底 有幾塊？	透過觀察推理出六形 六色幾何造型積木之 面積關係	六形六色幾何造型積 木、紀錄單、筆	觀察記錄 探究討論 發表分享
活動二： 面積大小的 擴展	透過觀察比較了解面 積大小與其圖形周長 相關要素之間的關係	保鮮膜、釘板、橡皮 筋、紀錄單、筆	觀察記錄 探究討論 發表分享
活動三： 七巧板找分數	利用七巧板各圖形之 比例關係，與分數部 分整體概念進行分數 加減問題	七巧板、紀錄單、筆	觀察記錄 探究討論 發表分享
活動四： 劃地為王	透過幾何圖形將部分 面積按照指示正確塗 上顏色	各種幾何圖形、紀錄 單、筆	觀察記錄 探究討論 發表分享

3. 活動說明

　　本活動可透過 2（3）人 1 組進行操作、觀察、記錄與發表，教師於課室活動進行時可將所需教具依程序先行準備，發放給學生使用，並說明問題目的，分配學生任務，要求學生參與。

活動一：怎麼拼？到底有幾塊？

　　面積的概念是以 1 平方單位的圖形進行覆蓋和掃描得出其範圍的大小，透過以幾何圖形的積木當成 1 平方單位讓學生進行分割和覆蓋動作。教師可以拿出六形六色積木，讓學生觀察並發表各種積木的形狀及特徵，以及其間面積大小比較後的關係，然後要求學生進行以下的作業：

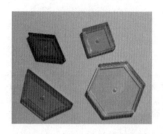

■ 學生能根據所見透過形狀、顏色、邊長和角度的關係描繪平行四邊形（菱形）、正方形、梯形和正六邊形的特徵。

1. 拿出正方形積木（一塊視爲是 1 平方單位），先估計需要拿出幾塊的正方形積木才能將右邊空白的平行四邊形填滿？如何拼裝？說說看你的做法。

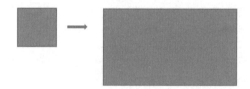

■ 學生能以正方形積木當成單位量進行完全的覆蓋，得出$2 \times 3 = 6$塊。

2. 拿出平行四邊形積木或菱形積木（一塊視爲 1 平方單位），估計需要拿出幾塊才能將右邊空白的平行四邊形填滿？如何拼裝？說說看你的做法。

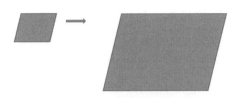

■ 學生能以平行四邊形積木當成單位量進行完全的覆蓋，得出需要
3×3＝9 塊的平行四邊形才能填滿。

3. 拿出梯形積木（一塊視為 1 平方單位），先估計需要拿出幾塊梯形積
木才能將右邊空白的平行四邊形填滿？如何拼裝？說說看你的做法。

■ 學生能以梯形積木當成單位量進行完全的覆蓋，得出 2×3＝6 塊
的梯形才能填滿。

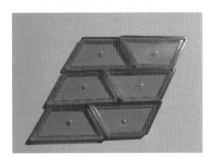

5. 拿出一個正六邊形的積木，想想看要將它填滿，可以拿出六形六色
　 中的哪種形狀的積木將它填滿？如何拼裝？說說看你的做法。

　■ 學生能以各種形狀的積木當成單位量進行完全的覆蓋，得出以下
　　 結果，並說明之間的倍數關係。

　　 例如：需要正三角形積木 6 塊才能組成正六邊形，所以正三角形的
　　 面積是正六邊形的六分之一。

　　 需要正三角形積木 3 塊才能組成梯形，所以正三角形的面積是梯形
　　 的三分之一。

活動二：面積大小的擴展

　　 日常生活中為了要保持物品的潔淨與新鮮，我們常會使用保鮮膜覆
蓋在物品上，以達到效果。你會使用保鮮膜嗎？如何將保鮮膜完整地覆
蓋住課本，試試看。

　　 下圖是教師使用保鮮膜要將課本予以覆蓋以保持潔淨的過程，從
圖 A 至圖 C，保鮮膜越拉越長，再繼續拉長保鮮膜就能將課本覆蓋住。
你也試試看，如何拖曳保鮮膜才不會黏在一起，而且可以平順地覆蓋住
課本。

圖 A　　　　　　　圖 B　　　　　　　圖 C

　　除了利用保鮮膜的覆蓋掌握物品的面積外，釘板教具可協助學生透過橡皮筋的拉引圈出所欲得知的面積，它具有邊長、周長與面積的屬性，透過操作與視覺化教導學生數學概念。

1. 下圖黃色的橡皮筋總共圈住了多少單位的面積？周長是多少？將觀察後的答案記錄在表格內。

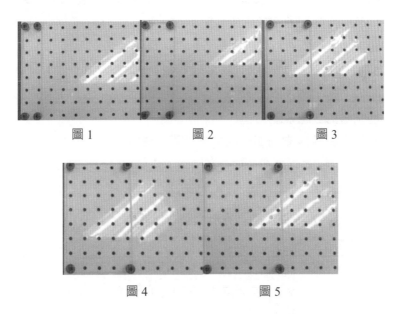

圖 1　　　　　　　圖 2　　　　　　　圖 3

圖 4　　　　　　　圖 5

■ 我們可將釘板內每 1 個點和點之間的距離當成 1 單位的長度，4 個點圍成的正方形面積當成 1 平方單位，觀察圖 1 到圖 5 黃色橡皮筋的變化，將其周長和面積記錄在下表中。

周長和面積紀錄表

圖次	圖 1	圖 2	圖 3	圖 4	圖 5
長	1	2	3	4	5
寬	7	7	7	7	7
面積	7	14	21	28	35
周長	16	18	20	22	24

2. 圖 1 到圖 5 橡皮筋圍成的長方形周長有何變化？

　■ 學生可能的回答：

(1) 長方形的寬的長度都是 7 單位（保持不變），圖 1 的長是 1，圖 2 的長變成 2，圖 3 的長變成 3，圖 4 的長變成 4，圖 5 的長變成 5，長方形的長和圖次的編號一樣。

(2) 圖 1 至圖 5 的長方形的周長分別為：圖 1 為 $7 \times 2 + 1 \times 2 = 16$，圖 2 為 $7 \times 2 + 2 \times 2 = 18$，圖 3 為 $7 \times 2 + 3 \times 2 = 20$，圖 4 為 $7 \times 2 + 4 \times 2 = 22$，圖 5 為 $7 \times 2 + 5 \times 2 = 24$，每增加 1 個圖次長方形的周長就增加 2 個單位。

(3) 圖 1 到圖 5 橡皮筋圍成的長方形周長當成 T，它的長邊（圖次）當成 F，寬用 W 表示，那麼每個圖次的長方形周長可以用（F + W）$\times 2 = $ T 或是 $F \times 2 + W \times 2 = $ T 得到。

3. 圖 1 到圖 5 橡皮筋圍成的長方形面積有何變化？

　■ 學生可能的回答：

(1) 長方形的寬的長度都是 7 單位（保持不變），圖 1 的長是 1，圖 2 的長變成 2，圖 3 的長變成 3，圖 4 的長變成 4，圖 5 的長變成 5，長方形的長和圖次的編號一樣。

(2) 圖 1 至圖 5 的長方形的面積分別為：圖 1 為 $7 \times 1 = 7$，圖 2 為 $7 \times 2 = 14$，圖 3 為 $7 \times 3 = 21$，圖 4 為 $7 \times 4 = 28$，圖 5 為 $7 \times 5 = 35$，每增加 1 個圖次長方形的面積就增加 7 個平方單位。也就是

圖2的長方形面積是圖1的2倍，圖3的長方形面積是圖1的3倍，圖4的長方形面積是圖1的4倍，圖5的長方形面積是圖1的5倍。

(3) 圖 1 到圖 5 橡皮筋圍成的長方形面積當成 A，它的長邊（圖次）當成 F，寬用 W 表示，那麼每個圖次的長方形面積可以用 $F \times W = A$ 得到。

活動三：七巧板找分數

七巧板相傳發源於宋朝時期，迄今已有許久的歷史。我們將一整塊的正方形按照圖形面積的比例，切成七塊大小不一的幾何圖形，這七塊幾何圖形可以重組成非常多的幾何造型，是培養學生創意的教具。教師可以利用其面積大小比例的關係，透過創意幾何造型教學，培養學生分數部分整體概念及加減法的練習。

1. 製造七巧板，並觀察它們之間的面積與完整的正方形之間的大小有何關係，並將它們記錄在下表中（七巧板的面積為 16 平方單位）。

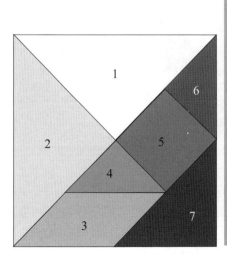
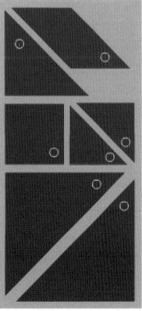

編號	1	2	3	4	5	6	7
形狀	等腰直角三角形	等腰直角三角形	平行四邊形	等腰直角三角形	正方形	等腰直角三角形	等腰直角三角形
面積	4 平方單位	4 平方單位	2 平方單位	1 平方單位	2 平方單位	1 平方單位	2 平方單位

2. 觀察並說出七巧板中哪些圖形是哪些圖形面積的 2 倍（反過來就是$\frac{1}{2}$倍）？

　　■ 學生可以利用七巧板中不同顏色或其所代表的號碼說出其面積的關係。

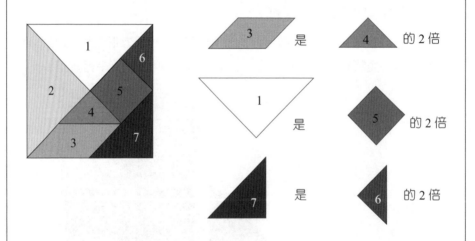

　　▶ 說說看，你還有其他答案嗎？

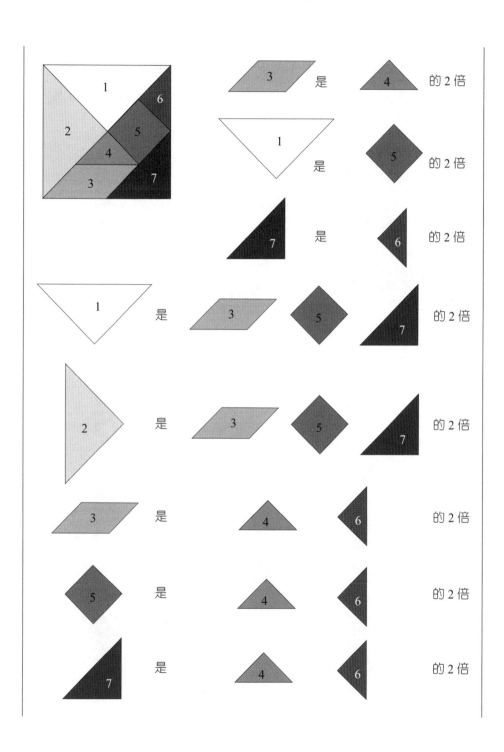

3. 觀察並說出哪些圖形是哪些圖形的 4 倍（反過來就是 $\frac{1}{4}$ 倍）？

■ 學生可以利用七巧板中不同顏色或其所代表的號碼說出其面積的關係。

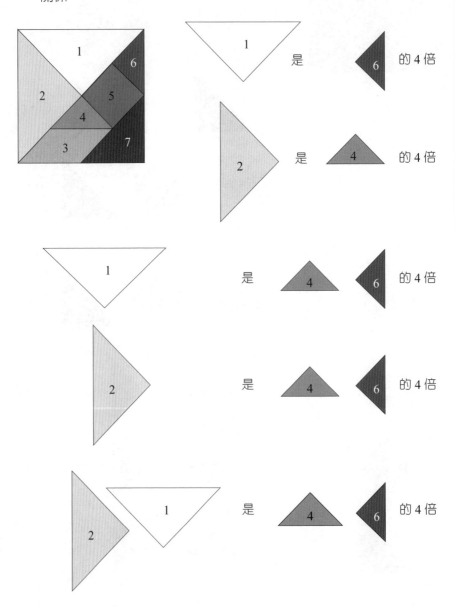

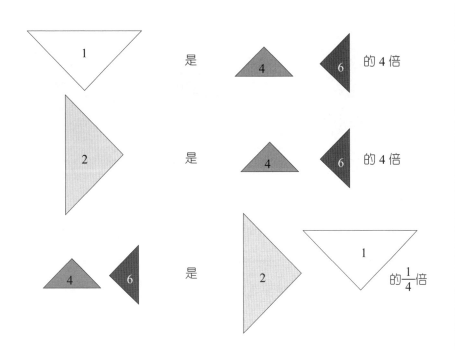

4. 拿出七巧板中的2個幾何圖形合起來，它的面積是全部正方形的 $\frac{3}{16}$。

■ 學生可以利用七巧板中不同顏色或其所代表的號碼說出其面積的關係。

▶ 哪 2 個圖形合起來是全部圖形 $\frac{3}{16}$ 倍？為什麼？

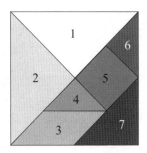

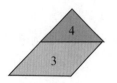 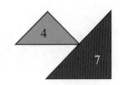 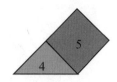

▶為什麼這樣組合？說說看你的想法。

■學生可能的回答：

(1) 整個大的正方形面積是 16 平方單位，它的 $\frac{3}{16}$ 就是 3 平方單位，因此只要找出 1 平方單位和 2 平方單位的圖形組合起來就是 3 平方單位。

(2) 1 平方單位的圖形占全部正方形圖形面積的 $\frac{1}{16}$，2 平方單位的圖形占全部正方形圖形面積的 $\frac{2}{16}$（$\frac{1}{8}$），將 1 個面積是 $\frac{1}{16}$ 的圖形和 1 個面積是 $\frac{2}{16}$ 的圖形組合起來，面積就占全部的 $\frac{3}{16}$。

5. 拿出七巧板中的 3 個幾何圖形合起來，它的面積是全部正方形的 $\frac{5}{16}$。

■學生可以利用七巧板中不同顏色或其所代表的號碼說出其面積的關係。

▶哪 3 個圖形合起來是全部圖形 $\frac{5}{16}$ 倍？為什麼？

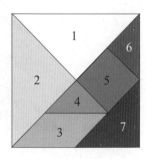

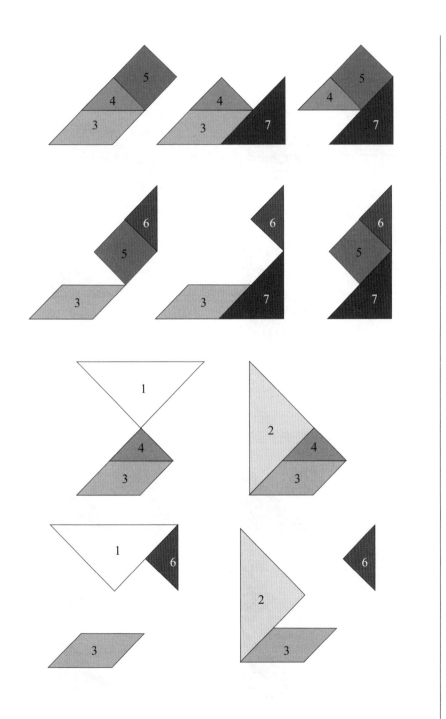

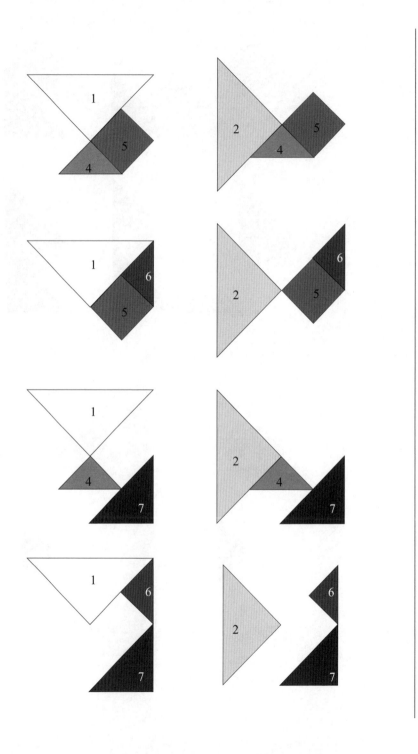

▶為什麼這樣組合？說說看你的想法。

■學生可能的回答：

(1) 整個大的正方形面積是 16 平方單位，它的 $\frac{5}{16}$ 就是 5 平方單位，因此只要找出（1 + 2 + 2）平方單位的圖形組合起來就是 5 平方單位。

(2) 1 平方單位的圖形占全部正方形圖形面積的 $\frac{1}{16}$，2 平方單位的圖形占全部正方形圖形面積的 $\frac{2}{16}$（$\frac{1}{8}$），將面積分別為全部正方形面積 $\frac{1}{16} + \frac{2}{16} + \frac{2}{16}$ 的圖形組合起來，面積就占全部的 $\frac{5}{16}$。

6. 拿出七巧板中的 4 個幾何圖形合起來，它的面積是全部正方形的 $\frac{11}{16}$。

■學生可以利用七巧板中不同顏色或其所代表的號碼說出其面積的關係。

▶哪 4 個圖形合起來是全部圖形的 $\frac{11}{16}$ 倍？為什麼？說說看，你還有其他答案嗎？

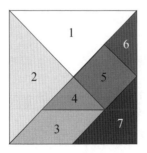
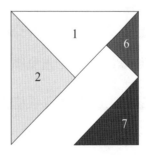

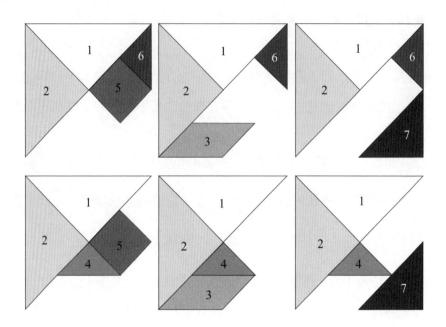

▶為什麼這樣組合？說說看你的想法。

■學生可能的回答：

(1) 整個大的正方形面積是 16 平方單位，它的 $\frac{11}{16}$ 就是 11 平方單位，因此只要找出 4 個幾何圖形合起來（1 + 2 + 4 + 4）平方單位的圖形組合起來就是 11 平方單位。

(2) 1 平方單位的圖形占全部正方形圖形面積的 $\frac{1}{16}$，2 平方單位的圖形占全部正方形圖形面積的 $\frac{2}{16}$（$\frac{1}{8}$），4 平方單位的圖形占全部正方形圖形面積的 $\frac{4}{16}$（$\frac{1}{4}$），將面積分別為全部正方形面積 $\frac{1}{16} + \frac{2}{16} + \frac{4}{16} + \frac{4}{16}$ 的圖形組合起來，面積就占全部的 $\frac{11}{16}$。

(3) 扣除七巧板其中 3 塊組合的面積 5 平方單位，剩下的 4 塊面積就是 11 平方單位，也就是全部正方形面積的 $\frac{11}{16}$。

7. 拿出七巧板中的 5 個幾何圖形合起來，它的面積是全部正方形的 $\frac{3}{4}$。

■ 學生可以利用七巧板中不同顏色或其所代表的號碼說出其面積的關係。

▶ 哪 5 個圖形合起來是全部圖形的 $\frac{3}{4}$ 倍？爲什麼？

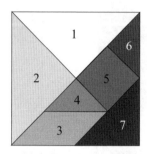

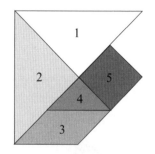 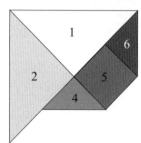 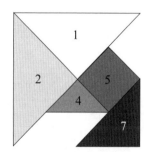

▶ 爲什麼這樣組合？說說看你的想法。

■ 學生可能的回答：

(1) 整個大的正方形面積是 16 平方單位，它的 $\frac{3}{4}$ 就是 12 平方單位，因此只要找出 5 個幾何圖形組合起來是 12 平方單位就可以了。

(2) 扣除七巧板其中 2 塊組合的面積 4 平方單位，剩下的 5 塊面積就是 12 平方單位，也就是全部正方形面積的 $\frac{12}{16}$（$\frac{3}{4}$）。

8. 圈出七巧板全部圖形面積的 $\frac{3}{4}$，你會怎麼做？說說看你的理由。

　　■ 學生可以利用七巧板中不同顏色或其所代表的號碼說出其面積的關係。

　▶ 圈出全部圖形的 $\frac{3}{4}$，你是怎樣做到的？還有其他答案嗎？

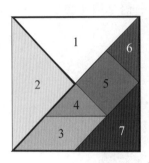 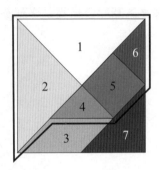

9. 圈出七巧板全部圖形面積的 $\frac{11}{16}$，你會怎麼做？說說看你的理由。

　　■ 學生可以利用七巧板中不同顏色或其所代表的號碼說出其面積的關係。

　▶ 圈出全部圖形的 $\frac{11}{16}$，你是怎樣做到的？還有其他答案嗎？

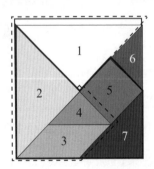 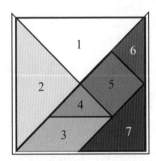

活動四：畫地為王

1. 請畫出正方形面積的 $\frac{3}{4}$（塗上色彩），並寫上你的理由。

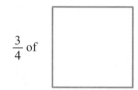

 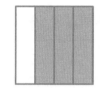

2. 請畫出正五邊形面積的 $\frac{2}{5}$（塗上色彩），並寫上你的理由。

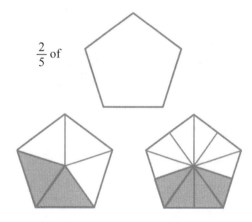

3. 請畫出正五邊形面積的 $\frac{7}{6}$（塗上色彩），並寫上你的理由。

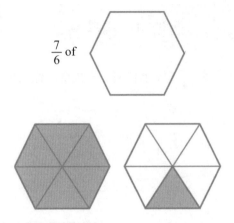

$\frac{7}{6}$ of

4. 以下圖形中灰色部分表示分數的值是多少？把它寫下來，並說出理由。

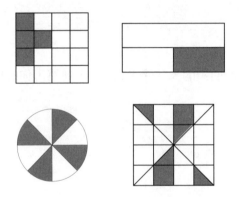

5. 將以下圖形 $\frac{1}{6}$ 的區域畫出來。

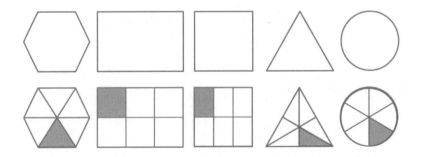

陸　對活動任務的省思

1. 本活動進行物件等分活動,對學生而言有其難度,教師應秉持耐心指導並鼓勵學生多元解題策略。
2. 本教學活動涉及範圍極廣泛,可鼓勵學生發揮創意自行設計並組合圖形,避免因教學設計的限制阻礙學生思考。
3. 提供學生相互觀摩、討論的機會,藉由相互激盪引發更多想法。

附件：七巧板

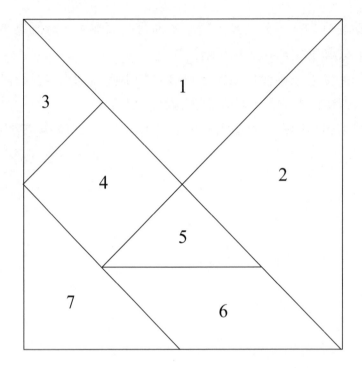

單元 **6**

當分數同在一起時

壹 設計理念說明

　　在國小的數學課程中等值分數是非常重要的概念，等值分數與除法、小數、比、百分率等概念關係密切，這些概念不僅是數學中的重要概念，而且在國小數學教材中也是有舉足輕重的地位（教育部，2018）。根據十二年國教國民中小學暨普通型高級中等學校數學領域課程手冊（教育部，2020），提到等值分數的定義為一分數分子、分母同乘一整數，所得的分數稱為原分數的擴分；一分數分子、分母同除一公因數，所得的分數稱為原分數之約分；一分數擴分或約分後所得的分數，其值和原分數相同，稱為等值分數。在數學領域的四年級的學習內容（教育部，2018）中，說明了等值分數的學習內容包含操作活動中理解等值分數的意義；簡單異分母分數的比較、加、減的意義；簡單分數與小數的互換。而後面的備註解釋簡單異分母分數指的是一分母為另一分母之倍數；與小數互換之簡單分數指分母為 2、5、10、100 的分數。學童在四年級學習等值分數概念時，若對於等值分數的意義只會機械式的運算，沒有完全理解等值分數意義，那再進行異分母分數的比較時，會有其困難性存在。本活動設計以課程綱要說

明爲重點，藉由對分數撲克牌的分類，透過可視化辨識小數與分數的類別，並將這些分數與小數撲克牌放置數線上相關位置，了解等值分數與進行小數和分數的互換。由自然的比較或加減問題出發，讓學生在簡單異分母分數的情況中，從操作和討論活動中，理解等值分數的意義與操作方法。能在簡單異分母分數的情況下，進行分數分母的比較，透過等值分數，化成同分母分數再做分數的加減。

貳 數學核心素養

本活動內容適合國小四年級學生學習與操作，實施後欲達成之核心素養如下：

1. 數-E-A1 具備喜歡數學、對數學世界好奇、有積極主動的學習態度，並能將數學語言運用於日常生活中。
2. 數-E-A2 具備基本的算術操作能力，並能指認基本的形體與相對關係，在日常生活情境中，用數學表述與解決問題。
3. 數-E-A3 能觀察出日常生活問題和數學的關聯，並能嘗試與擬訂解決問題的計畫。在解決問題後，能轉化數學解答於日常生活的應用。
4. 數-E-C1 具備從證據討論事情，以及和他人有條理溝通的態度。
5. 數-E-C2 樂於與他人合作解決問題並尊重不同的問題解決想法。

參 學習目標

本活動配合之學習表現和學習內容指標如下：

1. 學習表現

n-II-6 理解同分母分數的加、減、整數倍的意義、計算與應用。認識

等值分數的意義，並應用於認識簡單異分母分數之比較與加減的意義。

n-II-7 理解小數的意義與位值結構，並能做加、減、整數倍的直式計算與應用。

n-II-8 能在數線標示整數、分數、小數並做比較與加減，理解整數、分數、小數都是數。

2. 學習內容

N-4-5 同分母分數：一般同分母分數教學（包括「真分數」、「假分數」、「帶分數」名詞引入）。假分數和帶分數之變換。同分母分數的比較、加、減與整數倍。

N-4-6 等值分數：由操作活動中理解等值分數的意義。簡單異分母分數的比較、加、減的意義。簡單分數與小數的互換。

肆 學生學習常見之迷思概念

在學習本單元時，學生常會出現以下錯誤或迷思的概念：

1. 認為 $\frac{1}{2}$ 是 0.2，$\frac{1}{5}$ 是 0.5，以為分數的分母就是小數點後的值，分數與小數轉換錯誤。
2. 認為分母越大的分數越靠近數線的右側。
3. 認為小數點右的位數越多，其值越大。
4. 分數與小數換算錯誤。
5. 認為純小數的位置位於 0 的左側。

伍　活動設計內容

1. 活動所需材料

分數撲克牌、80 公分的尺、記錄單、筆。

2. 進行方式

項次	活動目標	教具	教學進行方式
活動一： 我屬於哪一類？	透過觀察分類出撲克牌之類型	分數撲克牌、紀錄單、筆	分類記錄 探究討論 發表分享
活動二： 我們之間有什麼關係？	透過觀察比較相同類型撲克牌之間的關係	5 分數撲克牌、紀錄單、筆	觀察記錄 探究討論 發表分享
活動三： 我在數線哪個位置上？	進行估測與實測，正確的將撲克牌放在數線上	分數撲克牌、紀錄單、筆、尺	操作記錄 探究討論 發表分享
活動四： 我與誰一樣大？	透過數線位置正確指出一樣大的分數和小數	分數撲克牌、紀錄單、筆、尺	操作記錄 探究討論 發表分享
活動五： 誰比較大？	透過觀察分數與小數的變化，推理並能應用解題	分數撲克牌、紀錄單、筆	觀察記錄 探究討論 發表分享
活動六： 我和誰在一起？	透過觀察分數與小數的變化，推理並能應用解題	分數撲克牌、紀錄單、筆	觀察記錄 探究討論 發表分享

3. 活動說明

本活動可透過 2（3）人 1 組進行操作、觀察、記錄與發表，教師於課室活動進行時可將所需教具依程序先行準備，發放給學生使用，並說明問題目的，分配學生任務，要求學生參與。

活動一：我屬於哪一類？

　　一般的撲克牌分為黑桃、紅心、方塊和黑梅四種花色，分數撲克牌是參考一般的撲克牌設計而成，亦有四種花色，只是它是由分數和小數按照某種規律設計而成，你發現它們有何規律呢？

1. 將撲克牌（52 張）給予學生，要求學生觀察後予以分類，說明以何種屬性進行分類？

　■ 學生可能的回答：

(1) 用顏色分成紅色和黑色兩類，各 26 張。

(2) 分為四種花色，分別是黑桃、梅花、紅心、方塊各有 13 張卡牌，總共是 52 張。

(3) 有 26 張小數及整數，26 張分數。

(4) 52 張卡牌中有 26 張的數值是小於或等於 1，另外 26 張則是大於 1 且小於或等於 2。

2. 將此撲克牌整理記錄如下表：

數值	分數	對應整數或小數
小於或等於 1	黑桃卡	梅花卡
	$\frac{1}{2}$、$\frac{2}{2}$	0.5、1
	$\frac{2}{5}$、$\frac{4}{5}$、$\frac{5}{5}$	0.4、0.8、1
	$\frac{4}{10}$、$\frac{5}{10}$、$\frac{8}{10}$、$\frac{10}{10}$	0.4、0.5、0.8、1
	$\frac{40}{100}$、$\frac{50}{100}$、$\frac{80}{100}$、$\frac{100}{100}$	0.4、0.5、0.8、1
大於 1 且小於或等於 2	紅心卡	方塊卡
	$\frac{3}{2}$、$\frac{4}{2}$	1.5、2
	$\frac{6}{5}$、$\frac{8}{5}$、$\frac{10}{5}$	1.2、1.6、2

數值	分數	對應整數或小數
	$\frac{12}{10}$、$\frac{15}{10}$、$\frac{16}{10}$、$\frac{20}{10}$	1.2、1.5、1.6、2
	$\frac{120}{100}$、$\frac{150}{100}$、$\frac{160}{100}$、$\frac{200}{100}$	1.2、1.5、1.6、2

活動二：我們之間有什麼關係？

1. 觀察撲克牌中的黑桃卡和紅心卡有何異同？

　■ 學生可能的回答：

　(1) 兩個牌組都是分數，它們的分母都有 2，5，10，100。

　(2) 黑桃卡的分數值是小於1（真分數）或等於1（$\frac{2}{2}$，$\frac{5}{5}$，$\frac{10}{10}$，$\frac{100}{100}$），

　　 紅心卡的分數值是大於1（假分數）或等於2（$\frac{4}{2}$，$\frac{10}{5}$，$\frac{20}{10}$，$\frac{200}{100}$）。

2. 觀察撲克牌中的梅花卡和方塊卡有何關係？

　■ 學生可能的回答：

　(1) 兩個牌組都是小數構成的。

(2)　梅花卡的數值是小於 1（純小數）或等於 1，方塊卡的數值是大於 1（帶小數）或等於 2。

3. **觀察撲克牌中的黑桃卡和梅花卡有何異同？**

　■學生可能的回答：

(1) 它們都是黑色的牌卡。

(2) 它們有對應相同的值，$\frac{40}{100}$、$\frac{50}{100}$、$\frac{80}{100}$、$\frac{100}{100}$ 的值分別為 0.4、0.5、0.8、1。

4. **觀察撲克牌中的紅心卡和方塊卡有何異同？**

　■學生可能的回答：

(1) 它們都是紅色的牌卡。

(2) 它們有對應相同的值，$\frac{120}{100}$、$\frac{150}{100}$、$\frac{160}{100}$、$\frac{200}{100}$ 的值分別為 1.2、1.5、1.6、2。

活動三：我在數線哪個位置上？

　　將小數與分數放置在數線上合適的位置，此能力是學生較為薄弱的地方，教師可以將數線上的 0、1 與 2 視為是標的，指導學生將其距離依據分母的大小作為等分依據，建立單位分數，並探索其他分數與此單位分數的關係，進而在數線上標示出其位置。

1. **拿出長尺，將剛才四類撲克牌（黑桃卡、梅花卡、紅心卡和方塊卡）分別放在尺上，你會將它們擺在何處？（尺的左端設為 0）**

　■如何在尺上找出 1 和 2 的位置？

　■放置的方式？

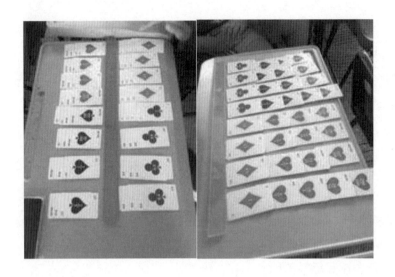

2. 這些撲克牌放在數線上你發現了什麼？

■ 學生可能的回答：

(1) 黑色的撲克牌（黑桃卡、梅花卡）在數線上 1 的左邊；紅色的撲克牌（紅心卡和方塊卡）在數線上 1 的右邊。

(2) 在數線上 1 和 2 的位置都有 5 張牌，1 的部分都是黑色牌構成（4 張黑桃1張梅花），2的部分都是紅色牌構成（4張紅心1張方塊）。

(3) 52 張撲克牌可放置在數線上 8 個位置上（數線上同一個點）。

(4) 每個點上都各有同種顏色（黑色或紅色）4 種不同數值的撲克牌。

活動四：我與誰一樣大？

　　教師可協助學生透過分數與小數在數線上相同位置的概念，指導學生理解等值分數、分數擴分與約分策略及分數和小數的轉換，作為分數加減練習的基礎。

1. 在數線上的八個點你發現了什麼？

■ 學生透過視覺化找出在數線上相同位置的分數與小數。

■ 了解在同一位置上的小數或分數其值相同。

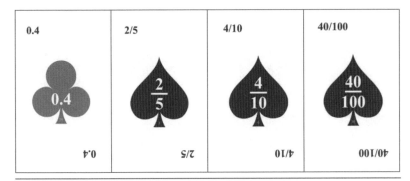

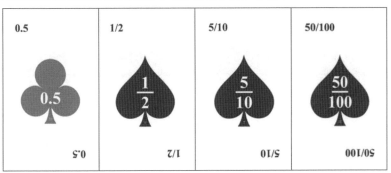

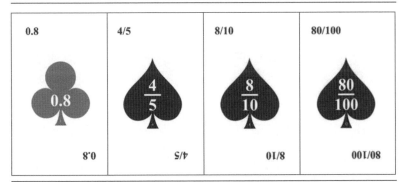

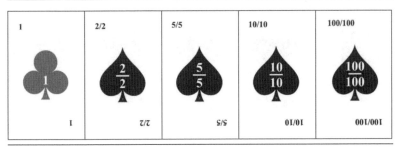

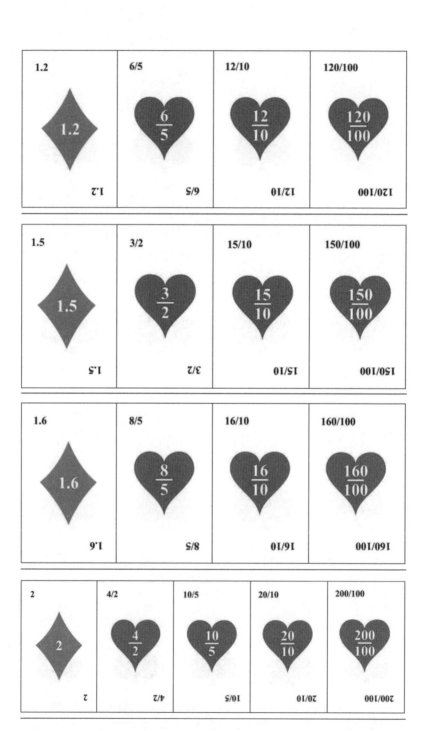

■ 在數線上同一點的分數和小數都是等值的，之間是可以轉換的。

(1) $\frac{2}{5}$, $\frac{4}{10}$, $\frac{40}{100}$ = 0.4

(2) $\frac{1}{2}$, $\frac{5}{10}$, $\frac{50}{100}$ = 0.5

(3) $\frac{4}{5}$, $\frac{8}{10}$, $\frac{80}{100}$ = 0.8

(4) $\frac{2}{2}$, $\frac{5}{5}$, $\frac{10}{10}$, $\frac{100}{100}$ = 1

(5) $\frac{6}{5}$, $\frac{12}{10}$, $\frac{120}{100}$ = 1.2

(6) $\frac{3}{2}$, $\frac{15}{10}$, $\frac{150}{100}$ = 1.5

(7) $\frac{8}{5}$, $\frac{16}{10}$, $\frac{160}{100}$ = 1.6

(8) $\frac{4}{2}$, $\frac{10}{5}$, $\frac{20}{10}$, $\frac{200}{100}$ = 2

■ 在數線上同一點的分數其值都相等，稱為等值分數。

活動五：誰比較大？

透過分數與小數在數線上的排列進行分數大小的比較。

1. $\frac{2}{5}$, $\frac{5}{10}$, $\frac{8}{10}$, $\frac{100}{100}$, 1 將其從小到大由左至右排列，你是怎麼知道的？
   將你的想法記錄下來。

   ■ 0.4 < 0.5 < 0.8 < 1

   ■ $\frac{2}{5} < \frac{5}{10} < \frac{8}{10} < \frac{100}{100} = 1$

2. $\frac{6}{5}$, $\frac{15}{10}$, $\frac{16}{10}$, $\frac{160}{100}$, 2 將其從小到大由左至右排列，你是怎麼知道的？
   將你的想法記錄下來。

   ■ 1.2 < 1.5 < 1.6 < 2

■ $\dfrac{6}{5} < \dfrac{15}{10} < \dfrac{16}{10} = \dfrac{160}{100} < 2$

3. 觀察 $\dfrac{2}{5}$，$\dfrac{4}{5}$，$\dfrac{8}{5}$，它們有何關係？

■ 分母相同時，分子越大其值越大。

4. 觀察 0.4，0.8，1.2，1.6 與 2 之間有何關係？

■ 這些數字皆相差 0.4。

■ 以 0.4 為 1 倍時，0.8，1.2，1.6 與 2 是 0.4 的 2 倍、3 倍、4 倍和 5 倍的關係。

活動六：我和誰在一起？

　　教師可以透過等值的分數與小數、分數的擴分與約分策略，進行分數的組合或分解，進而利用分數和小數進行加減運算。

1. 從撲克牌中，任取 2 張使其數值的和等於 1，並寫出其算式。

■ $0.5 + 0.5 = 1$

■ $0.5 + \dfrac{1}{2} = 1$

■ $\dfrac{1}{2} + \dfrac{1}{2} = 1$

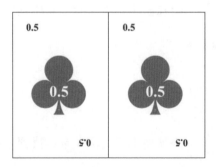

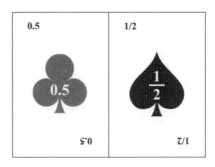

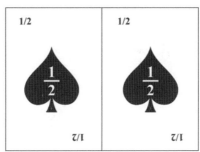

2. 從撲克牌中，任取 2 張使其數值的和等於 2，並寫出其算式。

■ 利用分數值等於 1 的兩張牌卡相加。

■ 利用兩張小數的牌卡其和等於 1。

■ 利用兩張分數的牌卡其和等於 1。

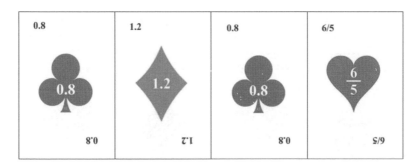

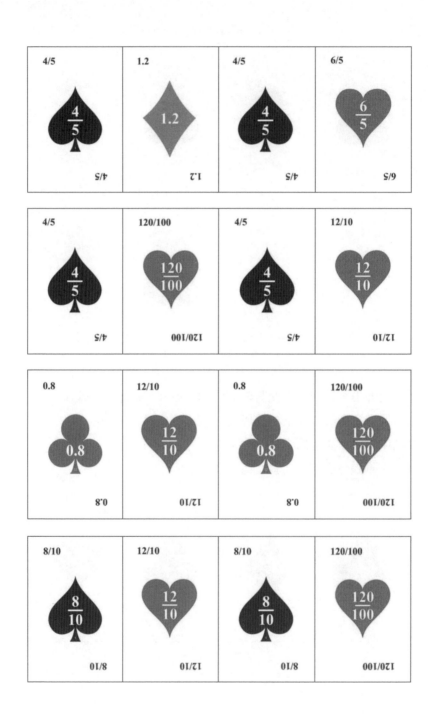

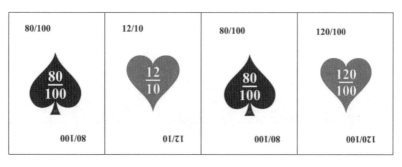

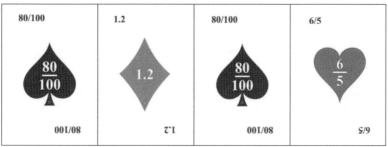

3. 從撲克牌中，任選 3 張使其數值的和等於 2，並寫出其算式。

■ 利用 3 張小數和分數組合等於 2 的牌卡相加。

■ 利用 3 張小數的牌卡其和等於 2。

■ 利用 3 張分數的牌卡其和等於 2。

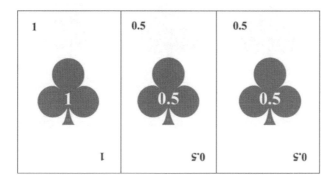

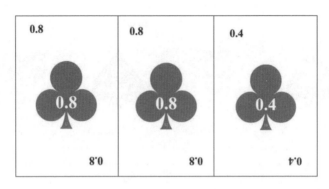

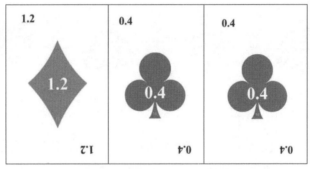

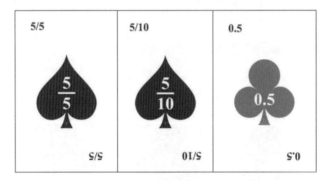

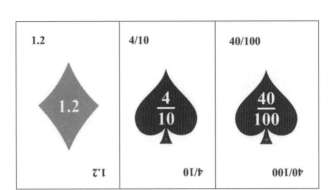

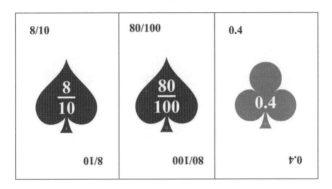

4. 從撲克牌中，任選 3 張使其數值的和等於 3，並寫出其算式。

■ 利用 3 張小數和分數組合等於 3 的牌卡相加。

■ 利用 3 張小數的牌卡其和等於 3。

■ 利用 3 張分數的牌卡其和等於 3。

　例如：

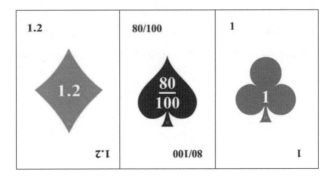

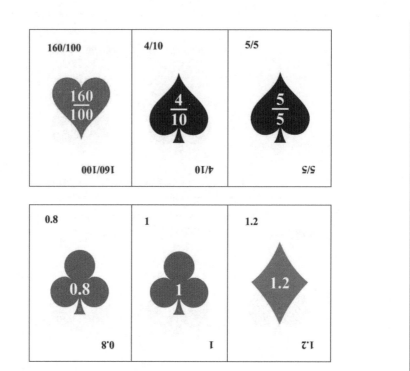

陸 對活動任務的省思

1. 鼓勵學生利用一般撲克牌遊戲的經驗轉化至分數撲克牌的操作。
2. 分數和小數的轉換不易，教師要有耐心鼓勵學生辨識與說明其間關係，避免操之過急損害學生思考與信心。
3. 提供學生相互觀摩、討論的機會，藉由相互激盪引發更多想法。
4. 教師可利用附件自行製作教具，並鼓勵學生合作思考解題

附件：分數撲克牌

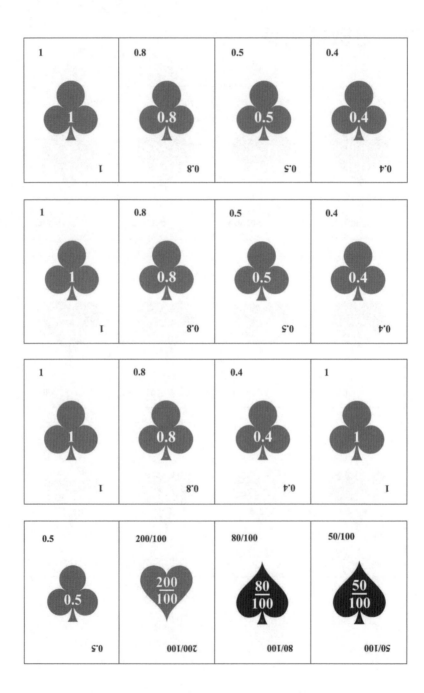

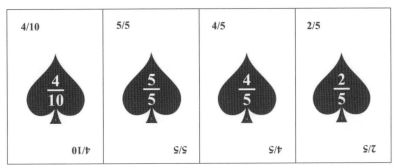

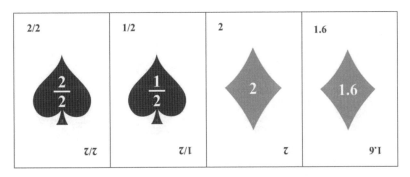

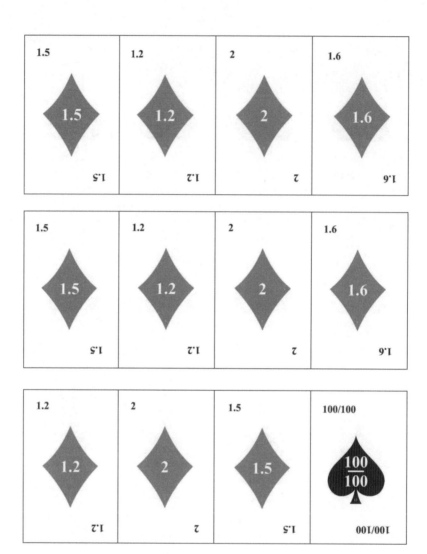

抽絲剝繭

 壹 設計理念說明

　　108 課綱數學課程手冊中提到「模式的察覺是科學的起步，能夠察覺、描述、分析、記錄、應用模式，人類才得以進一步的建立知識。」數學學習應從算數思維被加以提升進入代數思維，才能協助學童真正具備觀察生活情境，形成數學問題，並以數學算式表示問題、解決問題的能力，這也正是 108 課綱揭櫫之數學素養。解決問題的歷程包含觀察、臆測、推演、驗證，同時運用歸納、演繹、推理、一般化、模型化等解題方法，而數量模式、圖形規律正是引導學生認識變數，運用數學一般化能力解題的良好題材。本活動設計以引導學童觀察、動手操作、運用表格整理、歸納，逐漸發展出以簡單算式表示數量關係的能力，並能在活動過程中清楚說明自己的發現與推論，與他人合作、討論，完成交付的任務。

貳　數學核心素養

　　本研究活動實施後欲達成之核心素養如下：

1. 數-E-A3 能觀察出日常生活問題和數學的關聯，並能嘗試與擬訂解決問題的計畫。在解決問題之後，能轉化數學解答於日常生活的應用。
2. 數-E-B3 具備感受藝術作品中的數學形體或式樣的素養。
3. 數-E-C1 具備從證據討論事情，以及和他人有條理溝通的態度。

參　學習目標

　　本活動的內容，設計配合之學習表現和學習內容指標如下：

1. 學習表現

r-II-2　　認識一維及二維之數量模式，並能說明與簡單推理。

n-III-10 嘗試將較複雜的情境或模式中的數量關係以算式正確表述，並據以推理或解題。

r-III-3　 觀察情境或模式中的數量關係，並用文字或符號正確表述，協助推理與解題。

2. 學習內容

R-3-2 數量模式與推理（I）：以操作活動為主。一維變化模式之觀察與推理，例如數列、一維圖表等。

R-4-4 數量模式與推理（II）：以操作活動為主。二維變化模式之觀察與推理，如二維數字圖之推理。奇數與偶數，及其加、減、乘模式。

R-6-2 數量關係：代數與函數的前置經驗。從具體情境或數量模式之活動出發，做觀察、推理、說明。

肆 學生學習常見之迷思概念

在學習本單元時，學生常會出現以下錯誤或迷思的概念：

1. 呈簡單幾何圖形的問題容易受直觀迷思影響，利用邊長或面積直接解題。
2. 只關注一部分線索，未能掌握全部的規律。
3. 受到圖形方向的影響。
4. 只運用猜測策略，未能自行延伸檢核猜測結果。
5. 認為只要計算就能得到結果，嘗試套公式解題。

伍 活動設計內容

1. 活動所需材料

連方塊、自製圖卡、正方形形色板、扣條、黑白棋、學習單、筆。

2. 進行方式

項次	活動目標	教具	教學進行方式
活動一： 色彩與形狀	透過觀察發現色彩排列、圖形方向的規律，運用旋轉、移動進行操作	連方塊、圖卡、剪刀、膠水、學習單、筆	觀察記錄 探究討論 發表分享
活動二： 扣條排排看	察覺形狀組合與數量之間的關係	扣條、學習單、筆	觀察記錄 探究討論 發表分享
活動三： 花磚拼貼	觀察圖形能關注全部與部分之間的關係，並自行設計規律	圖卡、剪刀、膠水、學習單、筆	觀察記錄 探究討論 發表分享
活動四： 圖形與規律	觀察規律與數量變化關係，初步嘗試使用算式記錄數量變化	正方形形色板、學習單、筆	觀察記錄 探究討論 發表分享

項次	活動目標	教具	教學進行方式
活動五： 黑棋與白棋	覺察圖形規律與數量變化關係，運用算式表達數形規律	黑白棋、學習單、筆	觀察記錄 探究討論 發表分享

3. 活動說明

　　本活動設計採分組討論、共同操作的進行方式，搭配個人學習單將學習歷程加以記錄。教學時務必引導學生大膽猜測、小心驗證，尊重每位學生的參與和發表，避免由較強勢的學生主導操作和發表。

活動一：色彩與形狀

　　小美的媽媽是玩具批發商，跨年時接受邀請到名間親子生態園區擺攤。為了布置展場，她請小美和姊姊使用許多不同顏色的風車將攤位圍繞起來。插上風車的時候，姊姊突然告訴小美要注意看顏色，不是將風車隨便亂插上就好，小美覺得好委屈，回家後就將這件事告訴爸爸，於是爸爸設計了一連串活動來幫小美和姊姊解決問題。

1. 爸爸拿出黃、橙、綠、灰、白五個顏色的連方塊積木接成一串，然後要小美繼續接下去。如果你是小美，你該怎麼做？和同學討論你們的想法，再做做看。（學習單一）

　■ 教師在操作、發表後宜繼續追問：看著這個積木，你還可以想到什麼問題？

(1) 如果要排 100 個，各種顏色需要幾個？

(2) 第幾個是什麼顏色？

(3) 第 37 個和第 48 個之間有幾個綠色？

2. 爸爸改變積木的排法為 1 個黃、2 個紅、3 個綠後，要小美繼續排下去。如果你是小美，你該怎麼做？和同學討論你們的想法，再做做看。

■ 教師在操作、發表後仍應繼續追問：看著這個積木，你還可以想到什麼問題？

3. 爸爸拿出不同的圖卡開始排列，請你觀察看看，爸爸是怎麼排的？如果請你繼續往下排，你會怎麼做？說說你的想法再做做看。（學習單二）

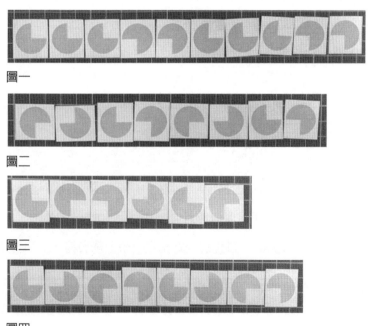

圖一

圖二

圖三

圖四

■ 務必讓學生使用小圖卡進行拼排，在拼排過程若學生有困難，可適度提醒把圖卡轉邊或旋轉，換個方向試試看。

4. 換成箭頭圖案排列時，你發現什麼規律？A、B 該排入什麼圖案？

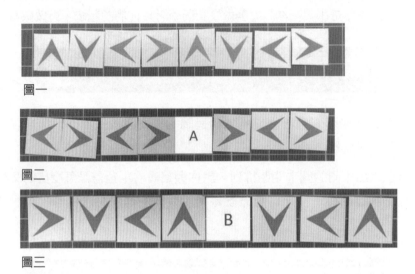

圖一

圖二

圖三

■ 討論時可引導學生：先說說看你發現什麼規律？再檢查看看和你
說的一樣？如果圖卡要繼續排下去，用你發現的規律做做看，一
樣嗎？

活動二：扣條排排看

活動會場可以看到許多 LED 線燈裝飾布置，想想看，如果要拼出
不同形狀的裝飾，需要使用多少線燈？我們使用扣條做做看。

1. 如果要拼成正方形圖案，請觀察看看並完成學習單表格。（學習單三）

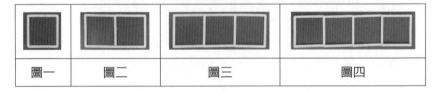

| 圖一 | 圖二 | 圖三 | 圖四 |

圖次	圖一	圖二	圖三	圖四	圖五	圖六	圖七	圖八
四邊形（個）								
扣條數（枝）								

2. 如果要拼成三角形圖案，請觀察看看並完成學習單表格。

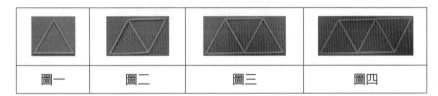

	圖一	圖二	圖三	圖四

圖次	圖一	圖二	圖三	圖四	圖五	圖六	圖七	圖八
三角形（個）								
扣條數（枝）								

3. 一樣是拼成三角形圖案，這次換個不同方式，請觀察看看並完成學習
單表格。

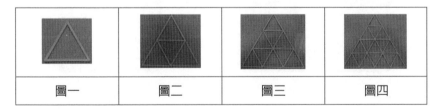

	圖一	圖二	圖三	圖四

圖次	圖一	圖二	圖三	圖四	圖五	圖六	圖七	圖八
三角形（個）								
扣條數（枝）								

■以操作活動為主，讓學童觀察如何拼接，討論拼接時有什麼規
　律，不要將教學重點擺在計算扣條枝數，重點是觀察規律，運用
　有規律的策略解決問題。

活動三：花磚拼貼

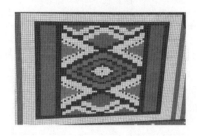

　　經過校門前的坡道，總會看到兩側邊坡有漂亮的磁磚拼貼裝飾，只是圖案拼一拼這麼簡單嗎？我們來動手做做看吧！

1. **觀察看看圖一和圖二的排列規律相同嗎？說說看。自己動手拼拼看，你可以創作出什麼圖案？做出來後再和同學分享你的創作規律。（學習單四）**

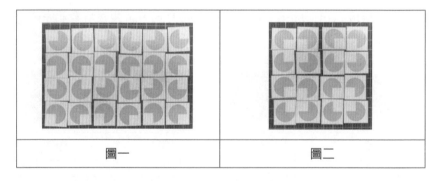

| 圖一 | 圖二 |

2. **觀察看看下列的圖案，找出創作規律後跟著做做看。**

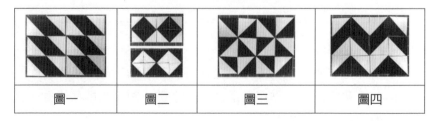

| 圖一 | 圖二 | 圖三 | 圖四 |

■ 教學過程中鼓勵學生嘗試使用不同的規律排列拼貼圖案，互相欣
　賞同學創作，也可以進一步嘗試設計方塊圖案元素，再用自己設
　計的元素進行創作。

活動四：圖形與規律

　　簡單的正方形小方塊也可以排出有規律的圖案喔！接下來試試看，
你能不能發現規律。

1. 觀察下列圖案，試著排排看，再將結果記錄在表格裡。說說看，你
　 發現什麼規律？你能說出圖五的規律嗎？（學習單五）

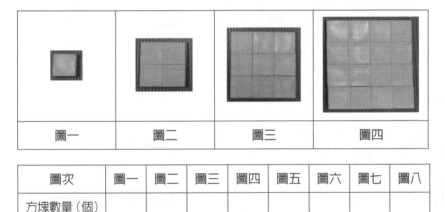

圖次	圖一	圖二	圖三	圖四	圖五	圖六	圖七	圖八
方塊數量（個）								

2. 觀察下列圖案，試著排排看，再將結果記錄在表格裡。說說看，你發
　 現什麼規律？你能說出圖五的規律嗎？

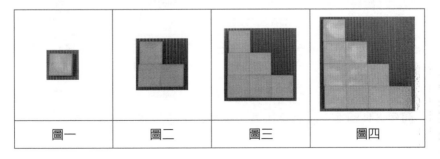

圖次	圖一	圖二	圖三	圖四	圖五	圖六	圖七	圖八
方塊數量（個）								

3. 觀察下列圖案，試著排排看，再將結果記錄在表格裡。說說看，你發現什麼規律？你能說出圖五的規律嗎？

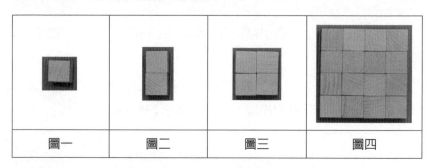

圖次	圖一	圖二	圖三	圖四	圖五	圖六	圖七	圖八
方塊數量（個）								

4. 觀察下列圖案，試著排排看，再將結果記錄在表格裡。說說看，你發現什麼規律？圖五需要幾片小方塊才能排出來？

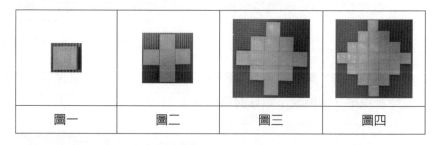

圖次	圖一	圖二	圖三	圖四	圖五	圖六	圖七	圖八
方塊數量（個）								

5. 觀察下列圖案，試著排排看，再將結果記錄在表格裡。說說看，你發現什麼規律？

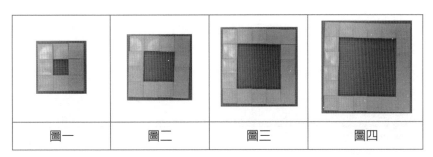

圖次	圖一	圖二	圖三	圖四	圖五	圖六	圖七	圖八
每邊數量（個）								
方塊數量（個）								

■ 進入活動四，教師要開始引導學生發現圖形與數量之間變化的關係，透過表格將訊息進一步整理，不只是拼出圖形，更重要是發現數量改變的規律，進而能用簡單的算式表示數量模式。

活動五：黑棋與白棋

　　圍棋是臺灣、日本、韓國和中國大陸地區共同的傳統休閒，在日本更是授予圍棋高手「棋聖」的尊號。我們來看看在圍棋棋盤上，只用黑白棋，能排出什麼規律？

1. 觀察下列圖案，試著排排看，再將結果記錄在表格裡。說說看，你發現什麼規律？把你發現的規律用算式記記看！（學習單六）

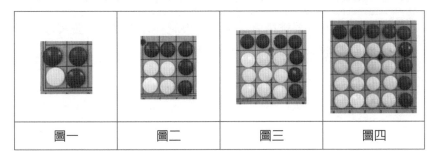

圖次	圖一	圖二	圖三	圖四	圖五	圖六	圖七	圖八
每邊數量（個）								
白色數量（個）								
黑色數量（個）								
全部數量（個）								

2. 觀察下列圖案，試著排排看，再將結果記錄在表格裡。說說看，你發現什麼規律？把你發現的規律用算式記記看！

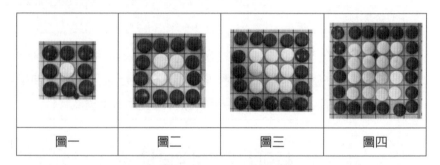

圖一	圖二	圖三	圖四

圖次	圖一	圖二	圖三	圖四	圖五	圖六	圖七	圖八
每邊數量（個）								
白色數量（個）								
黑色數量（個）								
全部數量（個）								

3. 觀察下列圖案，試著排排看，再將結果記錄在表格裡。說說看，你發現什麼規律？把你發現的規律用算式記記看！

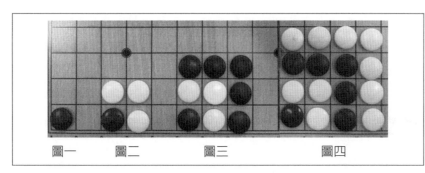

圖次	圖一	圖二	圖三	圖四	圖五	圖六	圖七	圖八
每邊數量（個）								
白色數量（個）								
黑色數量（個）								
全部數量（個）								

4. 觀察下列圖案，試著排排看，再將結果記錄在表格裡。說說看，你發現什麼規律？把你發現的規律用算式記記看！

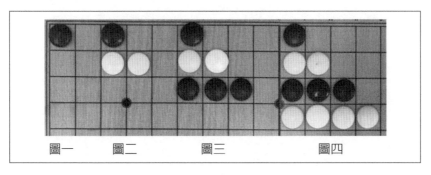

圖次	圖一	圖二	圖三	圖四	圖五	圖六	圖七	圖八
黑色數量（個）								
白色數量（個）								
全部數量（個）								

> ■三角形數與正方形數的專有名詞不須特別要求學生記憶，也不要
> 列出數列要求學生判斷是否為正方形數或三角形數，或要求記憶
> 公式。

陸 對活動任務的省思

1. 務必提供足夠的操作時間，教學前與學生約定發表公約，請學生先
   將發現的結果記錄在個人學習單，避免干擾學習速度較慢的學生。
2. 自製圖卡的使用可以搭配運用五形六色板，增加圖形創作的廣度與
   多元。
3. 將規律以算式進行記錄時，可先由學生記錄個人質樸的解題歷程，
   再逐步引導成精簡算式。

學習單一

請依照老師排列積木的規律塗上顏色，並回答問題。

任務一

我從這個積木的排列規律聯想到的

我想到的問題：

問題的解決方法：

同學想到的問題：

問題的解決方法：

任務二

我從這個積木的排列規律聯想到的

我想到的問題：

問題的解決方法：

同學想到的問題：

問題的解決方法：

學習單二

將附件圖卡剪下來，依照規律貼到表格裡。

任務一：

圖一

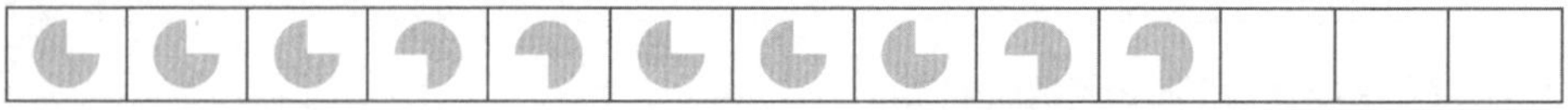

圖二

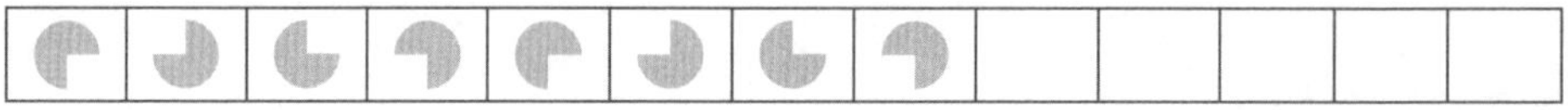

圖三

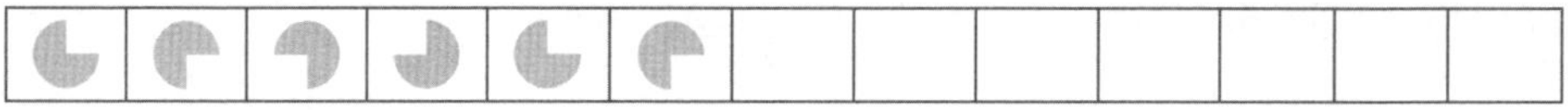

圖四

圖一

∧	∨	＜	＞	∧	∨	＜	＞		

圖二

＜	＞	＜	＞	A	＞	＜	＞		

圖三

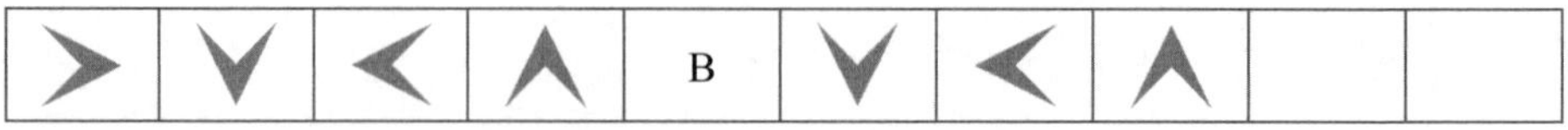

＞	∨	＜	∧	B	∨	＜	∧		

請你自己設計一個規律排排看！

學習單三

1. 拼成正方形圖案，請觀察看看並完成學習單表格。

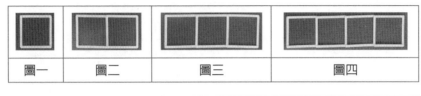

	圖一	圖二	圖三	圖四

圖次	圖一	圖二	圖三	圖四	圖五	圖六	圖七	圖八
四邊形（個）								
扣條數（枝）								

2. 拼成三角形圖案，請觀察看看並完成學習單表格。

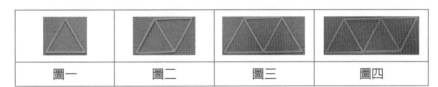

	圖一	圖二	圖三	圖四

圖次	圖一	圖二	圖三	圖四	圖五	圖六	圖七	圖八
三角形（個）								
扣條數（枝）								

3. 拼成三角形圖案，請觀察看看並完成學習單表格。

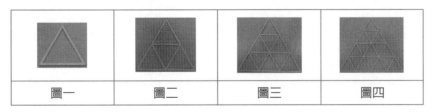

	圖一	圖二	圖三	圖四

圖次	圖一	圖二	圖三	圖四	圖五	圖六	圖七	圖八
三角形（個）								
扣條數（枝）								

學習單四

將附件圖卡剪下來，依照規律貼到表格裡。

學習單五：使用教具排排看

1. 觀察下列圖案，試著排排看，再將結果記錄在表格裡。

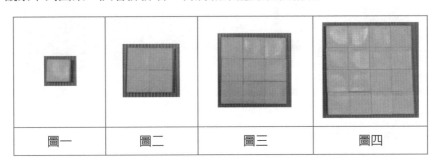

| 圖一 | 圖二 | 圖三 | 圖四 |

圖次	圖一	圖二	圖三	圖四	圖五	圖六	圖七	圖八
方塊數量（個）								

我可以將規律使用算式記下來：

2. 觀察下列圖案，試著排排看，再將結果記錄在表格裡。

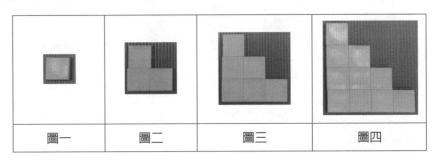

| 圖一 | 圖二 | 圖三 | 圖四 |

圖次	圖一	圖二	圖三	圖四	圖五	圖六	圖七	圖八
方塊數量（個）								

我可以將規律使用算式記下來：

3. 觀察下列圖案，試著排排看，再將結果記錄在表格裡。

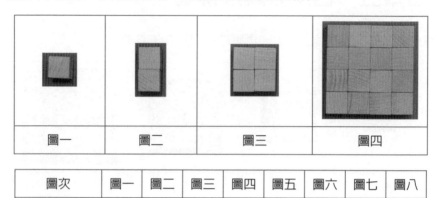

圖次	圖一	圖二	圖三	圖四	圖五	圖六	圖七	圖八
方塊數量（個）								

我可以將規律使用算式記下來：

---

4. 觀察下列圖案，試著排排看，再將結果記錄在表格裡。

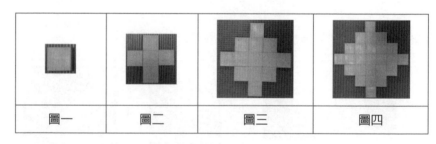

圖次	圖一	圖二	圖三	圖四	圖五	圖六	圖七	圖八
方塊數量（個）								

我可以將規律使用算式記下來：

---

5. 觀察下列圖案，試著排排看，再將結果記錄在表格裡。

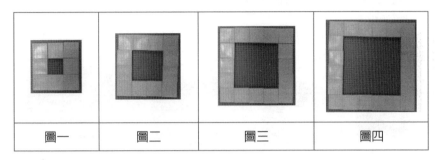

圖次	圖一	圖二	圖三	圖四	圖五	圖六	圖七	圖八
每邊數量（個）								
方塊數量（個）								

我可以將規律使用算式記下來：

學習單六：使用黑白棋排排看

1. 觀察下列圖案，試著排排看，再將結果記錄在表格裡。

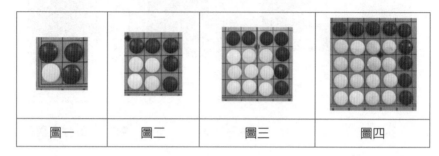

圖次	圖一	圖二	圖三	圖四	圖五	圖六	圖七	圖八
每邊數量（個）								
白色數量（個）								
黑色數量（個）								
全部數量（個）								

我可以將規律使用算式記下來：

---

2. 觀察下列圖案，試著排排看，再將結果記錄在表格裡。

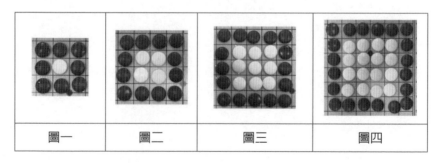

圖次	圖一	圖二	圖三	圖四	圖五	圖六	圖七	圖八
每邊數量（個）								
白色數量（個）								
黑色數量（個）								
全部數量（個）								

我可以將規律使用算式記下來：

3. 觀察下列圖案，試著排排看，再將結果記錄在表格裡。

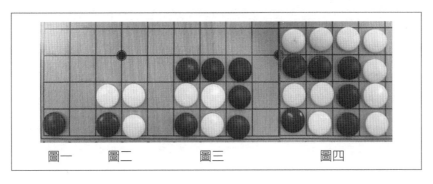

圖一　　　圖二　　　　圖三　　　　　圖四

圖次	圖一	圖二	圖三	圖四	圖五	圖六	圖七	圖八
每邊數量（個）								
白色數量（個）								
黑色數量（個）								
全部數量（個）								

我可以將規律使用算式記下來：

4.觀察下列圖案，試著排排看，再將結果記錄在表格裡。

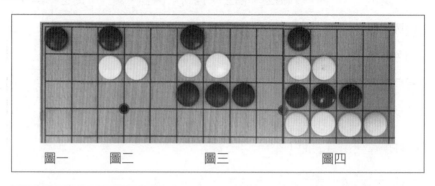

圖次	圖一	圖二	圖三	圖四	圖五	圖六	圖七	圖八
黑色數量（個）								
白色數量（個）								
全部數量（個）								

我可以將規律使用算式記下來：

附件

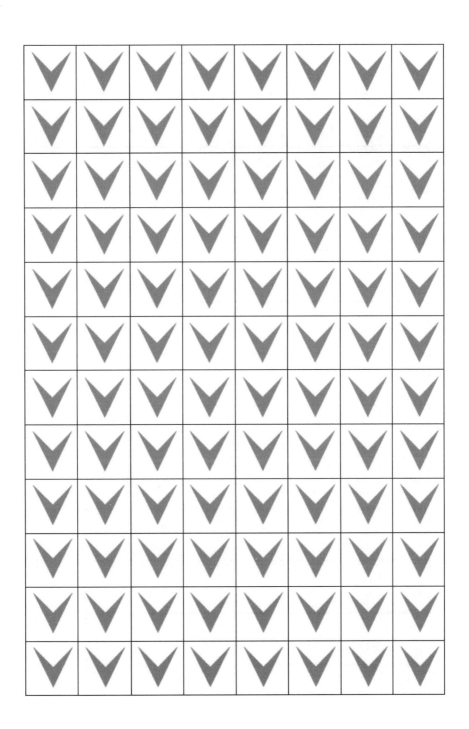

開開合合展開圖

壹 活動設計理念

　　小學階段的幾何教學強調應儘量讓學童透過觀察拓展幾何直覺，透過操作認識幾何形體的性質，也需要加入簡單的推理教學。對於運用「頂點」、「邊」與「面」等構成要素辨認簡單立體形體的教學，學生如能充分操作幾何教具，進行觀察、實作與驗證，將立方體、展開圖與「頂點」、「邊」與「面」等建立強力的連結，概念可更臻完整。

　　108課綱立體圖形的展開圖安排在三年級，以操作體驗平面圖形關係與空間感為目標，初步體驗展開圖如何黏合成立體形體。知道不同之展開圖可能黏合成同一形狀之立體形體。特別說明展開圖在此是啟發學生探討與發現之興趣，但不做任何數學知識的歸納，不做操作以外之紙筆評量。因此，各版本多只安排正方體的展開圖教學活動，對於展開圖的探索之教學安排篇幅不多，教師多採用示範操作給學生觀察，或用數位媒材呈現剪開步驟，請學生仿該步驟將盒子剪開 7 個邊，攤開為一個平面展開圖，或以附件展開圖剪貼操作成立體圖形的少數操作經驗，忽略透過操作認識幾何形體性質的重要性。

　　立體空間對於國小學生較難想像，對於空間概念薄弱的學生而言，讓學生空想在平面上無法看到的面，要形成概念是非常困難的。展開

圖的意義及辨認對於學生而言較困難，致使後續表面積也容易產生迷思概念。透過使用具體的形體讓學生進行操作、討論，將立體圖展開，可以幫助學生了解立體的構成要素，理解展開圖及建立空間概念。

　　基於上述之理念及操作教學問題，考量學生對遊戲的需求及組合玩具對學生的強烈吸引力，引發教學者設計本案之構想，落實學生能充分操作幾何教具，進行正方體、長方體展開圖之實作及探究驗證之教學。

貳　數學核心素養

　　本研究活動實施後欲達成之核心素養如下：

1. 數-E-A2 具備基本的算術操作能力，並能指認基本的形體與相對關係，在日常生活情境中，用數學表述與解決問題。
2. 數-E-B1 具備日常語言與數字及算術符號之間的轉換能力，並能熟練操作日常使用之度量衡及時間，認識日常經驗中的幾何形體，並能以符號表示公式。
3. 數-E-B3 具備感受藝術作品中的數學形體或式樣的素養。
4. 數-E-C2 樂於與他人合作解決問題並尊重不同的問題解決想法。

參　學習目標

　　本活動的內容，設計配合之學習表現和學習內容指標如下：

1. 學習表現

s-II-4　在活動中，認識幾何概念的應用，如旋轉角、展開圖與空間形體。

2. 學習內容

S-3-4　幾何形體之操作：以操作活動為主。平面圖形的分割與重組。

初步體驗展開圖如何黏合成立體形體。知道不同之展開圖可能黏合成同一形狀之立體形體。

肆　學生學習常見之迷思概念

在學習本單元時，學生常會出現以下錯誤或迷思的概念：

1. 以附件展開圖剪貼操作成立體圖形的少數操作經驗，以為黏貼的地方也是展開圖的一部分。
2. 以為長方體的展開圖會是 6 個一樣的長方形。

伍　活動設計內容

1. 活動所需材料

(1) 學生每人6片邊長5公分的正方形片（可用泡棉片或厚紙板剪裁）。

(2) 每人 3 張邊長 5 公分的正方形方格紙、彩色筆或色筆。

(3) 每組 3 種不同尺寸不同顏色（黃 4×5 公分、綠 5×6 公分、藍 4×6 公分）的長方形片各 12 片。

(4) 每組膠帶 1 捲、白板筆 1 支。

2. 進行方式

項次	活動目標	教具	教學進行方式
活動一： 正方體展開圖	能透過操作幾何智慧片觀察探索正方體展開圖	5×5 公分正方形片、白板筆或彩色筆、正方形方格紙、膠帶	操作發表 記錄分享 分類探索
活動二： 長方體展開圖	能將對正方體展開圖的理解，應用於觀察探索長方體展開圖	3 種尺寸長方形片、膠帶、色筆或彩色筆	操作發表 記錄分享 分類探索

項次	活動目標	教具	教學進行方式
活動三： 展開圖找朋友	探索正方體展開圖和長方體展開圖中，哪些面是相鄰的面，哪兩個面在正方體、長方體中是相對的面	5×5 公分正方形片、各色貼紙、彩色筆、各種長方體展開圖、各種正方體展開圖	操作發表 記錄分享 分類探索

3. 活動說明

(1) 本單元在正方體展開圖活動安排學生以 5 公分正方形片組合來探索正方體展開圖。從正方體展開圖的探索經驗，自行拼找出長方體的 6 個面，做長方體展開圖。

(2) 透過長方體和長方體展開圖的開合，以及正方體和正方體展開圖的開合，探索哪些面是相鄰的面，哪兩個面在長方體、正方體中是相對的面。

(3) 活動設計以個別操作、分組討論等合作學習方式進行，讓每一位學生都能有操作機會，並能與同儕互動，相互討論完成任務。

活動一：正方體展開圖

1. 正方體展開圖初探：認識正方體

▶教師展示正方體提問：要做出像這樣的正方體要用幾片什麼形狀的紙板？

■學生觀察後回答：要用 6 片正方形片。

2. 操作用正方形片製作正方體

■教師發下 5×5 公分（白色）的正方形每組 6 片。

▶用 6 片正方形可以做成正方體，請每組小朋友合作用膠帶把它們黏成一個正方體。

■學生操作，每組做成 1 個正方體。

▶請小朋友**觀察**做成的正方體，怎麼做可以把正方體打開成 6 個面連在一起的圖形？

■鼓勵學生回答後，再操作剪開正方體的邊驗證。

▶像這樣子的圖形叫做正方體展開圖（拿出學生做出的一個正方體的展開圖介紹）。請問這個圖形，能不能組成正方體？爲什麼？

■請學生回答。

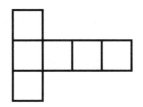

3. 用正方形片拼排正方體展開圖

▶想想看，除了剛才找到的這種正方體展開圖以外，還會有什麼樣子的展開圖？說說看，要怎麼做出不一樣的展開圖呢？

■鼓勵學生發表，再操作正方體展開圖的活動。

■教師發下 5×5 公分的正方形每人 6 片、每格 5×5 公分的 A4 方格紙每人 3 張。

▶我們要來進行小組比賽做展開圖，每人都有 6 片正方形片，請小朋友每人都做出 1 個能組成正方體的正方體展開圖，跟同組的小朋友做的正方體展開圖對對看，把形狀不一樣的正方體展開圖放在方格紙描畫出來，寫上組別。

▶畫好後，再繼續做不一樣的正方體展開圖，放在另外 1 張方格紙描畫出來，計時 10 分鐘，看看小組可以找出幾個不同的正方體展開圖。

3. 觀察各組做出的正方體展開圖

▶小朋友做出來的正方體展開圖有幾種呢？先請第 1 組的 1 號小朋

友拿出 1 張畫有正方體展開圖的方格紙放在黑板上。

■ 學生將 1 張畫有正方體展開圖的方格紙拿出來放在黑板上。

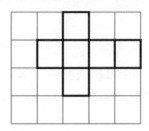

▶ 有沒有哪一組畫出的正方體展開圖和第 1 組的這張一樣的,請小組的 1 號把和這張一樣的拿出來放在這張的下面。

■ 學生將畫出相同的正方體展開圖的方格紙拿出來放在黑板上。

■ 透過其他小組拿出的展開圖核對拿出的是否正確,若沒有組別做出一樣的圖形,教師再複製展開圖操作確認。

■ 第 1 組的這張展開圖可以得到 2 分。其他跟第 1 組一樣的展開圖可以得 1 分。教師用白板筆在各組方格紙寫上得分。

▶ 再請第 2 組的 2 號小朋友,拿出 1 張畫有正方體展開圖的方格紙放在黑板上。

■ 學生再將 1 張畫有正方體展開圖的方格紙拿出來放在黑板上。

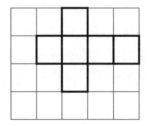 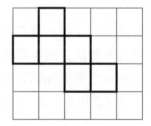

▶ 有沒有哪一組畫出的正方體展開圖和第 2 組的這張一樣的,請小組的 2 號把和這張一樣的拿出來放在這張的下面。

■ 學生將畫出相同的正方體展開圖的方格紙拿出來放在黑板上。

■ 若沒有組別做出一樣的圖形,教師再複製展開圖操作確認。

▶第 2 組的這張展開圖可以得 2 分。其他跟第 2 組這張一樣的展開圖可以得 1 分。

■教師用白板筆在各組方格紙寫上得分。

■教師按照組別順序，一一請各組輪流拿出畫有跟黑板不一樣的正方體展開圖的方格紙放在黑板上，透過請其他小組拿出一樣的展開圖來核對拿出的是否正確，如果沒有組別做出一樣的圖形，教師再複製展開圖操作確認。輪到的組別拿出不一樣的展開圖正確可得 2 分，其他做出相同展開圖的可以得 1 分。

■各組畫出的正方體展開圖全部都貼到黑板上，沒有其他展開圖後，教師請學生比一比，哪一組找到的正方體展開圖最多種，得到最高分。

■比完得分後，教師將得 1 分的展開圖拿走，留下得 2 分的展開圖。

4. 正方體展開圖的形狀分類

▶我們來看看大家找出了幾種展開圖，請小朋友觀察這些找出的正方體展開圖。各組討論一下，如果要把它們分類，可以怎麼分？

■各組學生觀察和討論，自由發表分類方式。

■如學生有多種分類方式，可嘗試用 1-4-1 型、1-3-2 型、2-2-2 型和 3-3 型等將正方體展開圖分類。

活動二：長方體展開圖

1. 操作製作長方體

▶6 片正方形片可以做成正方體，那麼做一個長方體，要用幾片什麼形狀的紙板呢？

■學生可能有用一樣的長方形 6 片的答案，教師不判斷對錯，鼓勵學生自由發表。

▶大家說了很多想法，老師發給每組一些長方形和正方形片。請每

位小朋友試試看，每人拿 6 片當盒子的面，用膠帶把它們黏成一個長方體。

■ 發給每組（黃色 4×5 公分、綠色 5×6 公分、藍色 6×6 公分）的長方形片各 12 片。

■ 學生操作，每人做 1 個長方體。

▶ 請小朋友說說看，你們做的長方體，用了哪些長方形片各幾張。

學生：用 2 片黃色、2 片綠色、2 片藍色。

▶ 每一組的小朋友都做出長方體，請把你們做成的長方體用了哪些的長方形片和用了幾張，記在你的學習單上。

2. 觀察長方體展開圖

▶ 正方體可以把邊剪開，打開成六個面連在一起的展開圖，長方體是不是也有展開圖呢？ 請每位小朋友觀察做出的長方體，做做看，把長方體盒子打開做出你的長方體展開圖。

■ 鼓勵學生回答後，再操作剪開長方體的邊，做出長方體的展開圖。

▶ 大家都做出了展開圖，我們來看看每位小朋友做出的長方體展開圖是什麼形狀。請小朋友把做出的長方體展開圖畫在剛才的學習單上，要記得把長方形片塗上顏色。

■ 學生將長方體展開圖描繪在學習單上。

▶ 請 A 小朋友（找做出最常見長方體展開圖的學生）把學習單放在黑板上。

■ 學生將學習單放到黑板上。

▶ 我們來看看，有小朋友做出的長方體展開圖跟 A 小朋友一樣嗎？

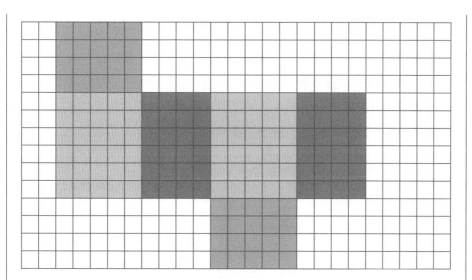

■ 請畫出一樣展開圖的學生舉手，教師檢視學生的展開圖。

▶ 再請 B 小朋友把學習單拿出來，放在黑板上。

■ 學生將學習單放到黑板上。

▶ 有小朋友做出的長方體展開圖跟 B 小朋友一樣嗎？

■ 此部分要視學生做出的長方體展開圖的種類，進行長方體展開圖的張貼、觀察。

3. 用長方形片拼排長方體展開圖

▶ 每一組都還有長方形片，請各組小朋友合作做出 2 個和這些（指著黑板上的學習單）不一樣的長方體展開圖。

■ 各組學生拼排長方體展開圖，教師檢視學生的展開圖。

▶ 各組都做出不一樣的長方體展開圖，請第 × 組（找較多組做出一樣的長方體展開圖）拿出展開圖放在黑板上。

■ 學生將學習單放到黑板上。

▶ 我們來看看，有哪一組做出的長方體展開圖跟這張一樣嗎？

■ 此部分要視學生做出的長方體展開圖的種類，進行長方體展開圖的張貼、觀察。

4. 長方體展開圖的形狀分類

▶我們來看看大家找出了幾種展開圖，請小朋友觀察這些找出的長
　方體展開圖。長方體展開圖可以像正方體展開圖一樣分類嗎？說
　說看，可以怎麼分？

■各組學生觀察和討論，自由發表分類方式。

活動三：展開圖找朋友

1. 觀察長方體展開圖相對的兩個面

■教師將畫出不同長方體展開圖的學習單展示在黑板上，並請學生
　將做出的 1 個展開圖黏貼回長方體。

▶教師（拿 1 個長方體）：我們做這個長方體盒子會用到 2 片黃色、
　2 片藍色、2 片綠色的長方形片。2 片黃色朋友在長方體的什麼位
　置？請各組觀察你們的長方體說說看。

■學生：一樣的黃色長方形在對面。

▶2 片黃色朋友它們在長方體互相在對面，也就是說它們會是相對的
　兩個面。那麼 2 片藍色朋友、2 片綠色朋友呢？

■學生：2 片綠色在長方體也是相對的兩個面、2 片綠色在長方體也
　是相對的兩個面。

▶請各組觀察長方體說說看，2 片藍色、2 片綠色在長方體 2 片黃色
　的什麼位置？

■學生：藍色長方形、綠色長方形都和黃色靠在一起（它們都是黃
　色的鄰居）。

▶藍色長方形、綠色長方形都是黃色長方形的鄰居，也就是藍色長
　方形會是黃色長方形相鄰的面、綠色長方形也會是黃色長方形相
　鄰的面。

▶請小朋友再觀察這些長方體展開圖說說看，相對的面、相鄰的面

在長方體展開圖的位置有什麼特別的地方？

■各組學生觀察和討論，自由發表。

2. 探索正方體展開圖中相對的兩個面

■教師將活動一學生描繪的不同正方體展開圖展示在黑板上。

▶我們從長方體展開圖找到長方體的相對面和相鄰面，那麼正方體的相對面和相鄰面是在什麼位置呢？老師在這個正方體展開圖的每個面寫上 1、2、3、4、5、6 的編號，請小朋友先說說看，哪兩個面會是做成正方體上的相對面？

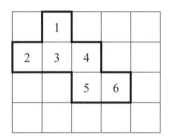

■學生透過觀察、猜測或從長方體展開圖推論，發表哪兩個面在正方體中是相對的面

▶請小朋友做出 1 個和這個正方體展開圖一樣的展開圖，並在位置一樣的正方形貼上編號。把正方體展開圖組成正方體，對對看，哪兩個面是相對的面？

■學生操作後發表。

■學生：這個正方體展開圖組成正方體，相對的面有 1 和 5、2 和 4、3 和 6。

■教師發給每組 1 張正方體展開圖探索學習單。

▶請各組小朋友用正方形片做正方體展開圖組成正方體對對看，將學習單上正方體相對面塗上相同的顏色。說說看，正方體的相對面在展開圖中的位置有什麼特別的關係嗎？你會怎麼找相對的 2 個面？

■各組學生操作完成學習單，自由發表。

陸 對活動任務的省思

1. 本活動除理解展開圖外，並進行展開圖和原立體的關係之初步探索。
2. 活動以探索及操作為主，不做性質或展開圖判斷之評量。

附件：邊長 5 公分方格紙

正方體展開圖及分類

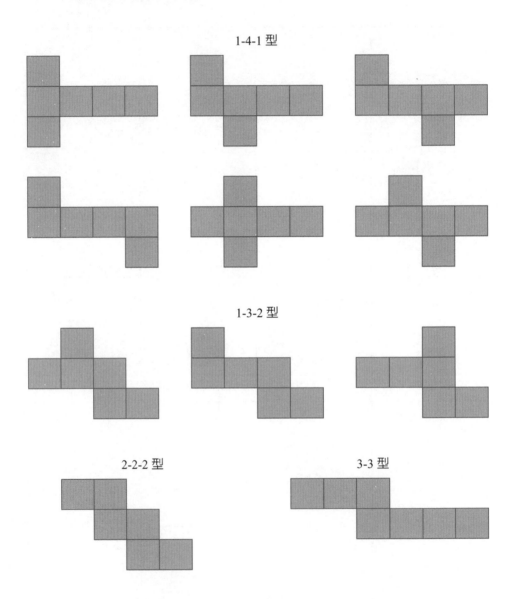

「長方體及長方體展開圖」學習單

班級座號：_____　　姓名：_____

一、你用了哪些長方形片做成了長方體？請在長方形前面□打 ✓，用了幾片
　　寫在後面的（　　）裡。

　　我用了　　□黃色（　　）張　　□綠色（　　）張　　□藍色（　　）張

二、請把展開圖放在方格紙描下來，再塗出你的長方體展開圖。

正方體展開圖探索學習單

第＿＿組　　組員姓名：＿＿＿＿＿＿＿＿＿＿＿＿＿＿＿＿＿＿＿＿＿

請在每個正方體展開圖中，找出哪兩個面在正方體中是相對的面，並塗上相同的顏色或畫上相同的記號。

積不可失——
體積與容積的轉換

壹 設計理念說明

　　體積和容積的問題是學生在日常生活中常碰見的數學問題,例如每天喝的水須用容器裝填,容器的大小與裝填的量有關,因此體積與容積有密切關聯。數學教科書和辭典將體積區分為 (1) 物體占用的空間量和 (2) 容量,或物體容納物質的能力的度量。這種物質可以是固體、液體或氣體。學生在科學課上通常首先體驗體積作為容量,當他們使用杯子測量容器可以容納的水量或透過水置換測量 3D 形狀的體積。本活動藉由觀察生活中的容器裝填內容物的比較,理解體積、容積與容量的意義;藉由動手操作、測量的運用,歸納出正方體或長方體物體體積和容積的運算公式,並能藉由觀察與討論得知影響物件體積或容積的相關要素,進而運用合適的方法解決體積與容積的問題。本活動先透過容器內容物裝填的比較與分析理解體積與容積的意義,再鼓勵學生利用工具配合多種策略測量物件的體積,能操作材料製造指定的容器,並正確探索製造容器的體積和容積;再者能理解影響體積大小的因素與其之間的關係。數學中體積測量的正式教學從三年級開始,重點是以與科學類似的方式測量和估計物體的液體體積。五年

級時，重新審視體積作爲實體圖形的一個屬性，可以透過用單位立方體包裝實體圖形並最終使用公式：體積 = 長 × 寬 × 高，來找到直角柱的體積來測量體積。換句話說，後期體積探索的重點是在進行體積判斷時協調固體的三個維度的線性度量，最後能利用正方體或長方體體積的公式正確解題；在學習歷程中能與他人分享體積解題的方法和思考，能堅持完成交付的體積操作任務。

貳 數學核心素養

本研究活動實施後欲達成之核心素養如下：

1. 數-E-A1 具備喜歡數學、對數學世界好奇、有積極主動的學習態度，並能將數學語言運用於日常生活中。
2. 數-E-A2 具備基本的算術操作能力，並能指認基本的形體與相對關係，在日常生活情境中，用數學表述與解決問題。
3. 數-E-B3 具備感受藝術作品中的數學形體或式樣的素養。
4. 數-E-C1 具備從證據討論事情，以及和他人有條理溝通的態度。
5. 數-E-C2 樂於與他人合作解決問題並尊重不同的問題解決想法。

參 學習目標

本活動的內容，設計配合之學習表現和學習內容指標如下：

1. **學習表現**

n-III-11 認識量的常用單位及其換算，並處理相關的應用問題。

n-III-12 理解容量、容積和體積之間的關係，並做應用。

s-III-3 從操作活動，理解空間中面與面的關係與簡單立體形體的性質。

2. 學習內容

N-4-12 體積與「立方公分」：以具體操作爲主。體積認識基於 1 立方
　　　 公分之正方體。

S-4-4　體積：以具體操作爲主。在活動中認識體積的意義與比較。認
　　　 識 1 立方公分之正方體，能理解並計數正方體堆疊的體積。

N-5-15 解題：容積。容量、容積和體積間的關係。知道液體體積的
　　　　意義。

S-5-5　正方體和長方體：計算正方體和長方體的體積與表面積。正方
　　　 體與長方體的體積公式。

S-5-6　空間中面與面的關係：以操作活動爲主。生活中面與面平行或
　　　 垂直的現象。正方體（長方體）中面與面的平行或垂直關係。
　　　 用正方體（長方體）檢查面與面的平行與垂直。

肆 學生學習常見之迷思概念

在學習本單元時，學生常會出現以下錯誤或迷思的概念：
1. 體積與容積的概念混淆不清。
2. 不清楚體積與容積公式中長、寬、高之間的關係變化。
3. 體積與容積之間單位換算錯誤。
4. 無法正確計算容器之體積與所含之容積。
5. 容器之表面積與體積公式誤用。

伍 活動設計內容

1. 活動所需材料

家庭常用的容器、方瓦、立方塊、珍珠板、膠水、紀錄單、筆、

不同顏色的立體積木。

2. 進行方式

項次	活動目標	教具	教學進行方式
活動一： 哪種容器裝的水較多？	透過觀察了解容器的特徵，透過比較了解體積和容積的概念	家庭常用的容器像是水壺、保溫杯、飲料罐子	觀察記錄 探究討論 發表分享
活動二： 認識 1 平方公分和 1 立方公分	透過觀察比較了解面積與體積的關係	方瓦、木塊、珍珠板（厚 1 公分）、1000 立方公分木塊、直尺、紀錄單	觀察記錄 探究討論 發表分享
活動三： 體積是多少？	透過觀察比較了解物體體積的概念和關係	方瓦、木塊、珍珠板（厚 1 公分）、1000 立方公分木塊、直尺、紀錄單	觀察記錄 探究討論 發表分享
活動四： 製作筆筒	透過操作建立體積概念，並能應用解題	方瓦、木塊、珍珠板（厚 1 公分）、1000 立方公分木塊、直尺、紀錄單	觀察記錄 探究討論 發表分享
活動五： 會有多高？	透過操作與觀察比較，了解體積公式中各要素的關係並能應用解公因數問題	方瓦、木塊、珍珠板（厚 1 公分）、1000 立方公分木塊、直尺、紀錄單	觀察記錄 探究討論 發表分享
活動六： 體積和容積的互換	透過容器內水位高度與百格板比較，進行體積和容積的互換	筆筒、百格板、水、直尺	觀察記錄 探究討論 發表分享
活動七： 不規則物體（小石頭）的體積	透過不規則物體沉入水中水位變化與百格板之比較，測量出不規則物體之體積	筆筒、百格板、水、直尺、小石頭	觀察記錄 探究討論 發表分享

項次	活動目標	教具	教學進行方式
活動八： 形體設計大競賽	透過積木操作，尋找規則並能應用解體積問題	方瓦、木塊、珍珠板（厚 1 公分）、1000 立方公分木塊、直尺、紀錄單	觀察記錄 探究討論 發表分享
活動九： 拼圖大作戰	透過體積與容積概念，尋找規則並能應用解題	方瓦、木塊、珍珠板（厚 1 公分）、1000 立方公分木塊、直尺、紀錄單	觀察記錄 探究討論 發表分享
活動十： 空間大作戰	透過體積與容積概念，尋找規則並能應用解題	方瓦、木塊、珍珠板（厚 1 公分）、1000 立方公分木塊、直尺、紀錄單	觀察記錄 探究討論 發表分享
活動十一： 可以裝多少個？	透過體積與容積概念，尋找規則並能應用解題	方瓦、木塊、珍珠板（厚 1 公分）、1000 立方公分木塊、直尺、紀錄單	觀察記錄 探究討論 發表分享

3. 活動說明

本活動可透過 2（3）人 1 組進行操作、觀察、記錄與發表，教師於課室進行時可將活動所需教具依程序先行準備，發放給學生使用，並說明問題目的，分配學生任務，要求學生參與並記錄，討論並發表觀察所得。

活動一：哪種容器裝的水較多？

首先可讓學生將其生活周遭常使用的容器帶至學校，教師檢查後選擇與教學活動可配合之容器，透過提問、說明與表達等話語教學實踐，鼓勵學生將觀察、操作所得公開分享並加以解釋。

1. 以下左邊是一個保溫瓶（甲），右邊是一個塑膠水罐（乙），甲和乙哪個容器裝的水較多？你是怎麼判斷的？寫下你的想法？

2. 要比較甲和乙哪個容器裝的水較多，你會用什麼方法呢？說說看你用的方法。

3. 經過實際測量後（都是 1 公升），左邊的保溫瓶容器裝的比較多？容器大水就裝的多嗎？為什麼？說說你的理由。

活動二：認識 1 平方公分和 1 立方公分

　　物件皆有屬性，透過單位的迭代測量，給予屬性數量，以協助學生操作與運算思維。

1. 拿出 1 平方公分的方瓦和 1 立方公分的積木（如下圖所示），觀察並說出這兩個物件它們有何特徵？

　　■ 學生可能的回答：

　　(1) 方瓦有 4 個邊，立方塊有 12 條邊。

　　(2) 方瓦只有一個平面，立方塊是立體形體有 6 個面。

　　(3) 正方形方瓦每邊都是 1 公分，立方塊每邊也都是 1 公分。

2. 如何將左邊的方瓦變成右邊的方塊，你會怎麼做？說說看你的想法和做法？

左邊為 1 平方公分的方瓦，右邊為 1 立分公分的方塊

■ 學生可能的回答：

(1) 我會將 10 張 1 平方公分的方瓦堆疊起來，它會和 1 立方公分的立方塊一樣大。

(2) 用尺測量方瓦厚度是 0.1 公分，立方塊的高度是 1 公分，所以用 10 張方瓦可以堆疊成 1 個立方塊（它們的底面都一樣大）。

3. 將方瓦堆疊成方塊後，觀察並說明它們之間有何特徵是一樣的？

■ 學生可能的回答：

(1) 大小一樣（體積一樣），都是 1 立方公分。

(2) 各邊長度一樣都是 1 公分。

4. 說說看 1 平分公分和 1 立方公分的意義是什麼？適合用在何種情境？

活動三：體積是多少？

　　估測是培養量感的重要方法，教師可以邀請學生針對提供的物件，透過邊長關係，利用乘法關係或藉由觀察整體量大小的方式估測說出物件的面積。

1. 拿出 A、B、C、D、E 五片的珍珠板，估測它們的面積各是多少？為何這樣估測？

2. 如何測量出它們的面積？你會如何測量？

　　■ 學生可能的回答：

　　(1) 用尺測量其邊長後，用面積公式算出其面積。

　　(2) 放在平方公分板上，算出它有幾格得出面積大小。

3. 測量出的面積各是多少呢？

4. 利用 1 立方公分和 10 立方公分的積木作為測量工具，A、C、E 這 3 片珍珠板的體積各是多少？說說看你是怎麼知道它的體積的？

5. 製作筆筒要用 A、B、C、D、E 五片的珍珠板組成，它們的體積總共多少呢？你是怎麼得到答案的？寫下你的想法。

　■ 學生可能的回答：

(1) A×2（A 和 B 一樣），C×2（C 和 D 一樣）再加上 E。

(2) 以 E 為基準（100 立方公分）＋ C 和 D 多的 20 立方公分（各多 10 立方公分）＋ A 和 C 多的 40 立方公分（各多 20 立方公分）。

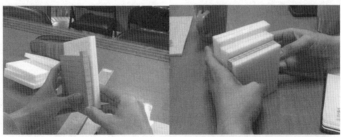

活動四：製作筆筒

　　培養學生具備空間大小的概念是本活動重點之一，透過提供的珍珠板物件讓學生製作筆筒，可刺激其思維並引導其如何解決問題。

1. 將活動三提供的 A、B、C、D、E 五片珍珠板材料製作成 1 個中空沒有蓋子的筆筒（如下圖），想想看你要怎麼處理才能製作出此筆筒？

2. 將 1000 立方公分的木塊放入筆筒裡？你發現了什麼？說說看。

3. 裝了木塊的筆筒全部的體積是多少呢？寫下你的想法。

　　■ 學生可能的回答：

　(1) 1000 立方公分加上 5 片珍珠板的體積。

　(2) 測量出組好的筆筒其外面的長、寬、高，再將其相乘後得出筆筒的體積。

4. 如果要把這個筆筒加蓋，那麼上面的蓋子要怎麼設計才較完善？寫下你的想法。

活動五：會有多高？

利用工具進行解題是一項重要能力，學生可以透過尺、平方公分板及心像處理構成體積相關元素的數量。

1. 下圖中的百格板木塊積木體積有多少呢？堆疊放入這個筆筒後？這些百格板木塊會在筆筒內什麼高度的位置呢？寫下你的想法？

2. 如果老師放了一些堆疊的木塊後，測量出它與筆筒上端的距離是 2 公分，那麼這些堆疊的木塊體積是多少呢？為什麼？

■ 利用整體扣除部分的策略。
■ 利用平方公分板的數量求出體積。
■ 利用工具尺測量物件的長、寬、高後相乘求出體積。

活動六：體積和容積的互換

　　容積和體積有其相同之處，就是容器內所填入物件的大小，一是固體一是液體，當填滿後容器內的體積與容積相同，此時單位可以進行互換。

1. 把 500cc 的水放入筆筒後，發現在筆筒內的水位高度和放入 5 片百格板積木的高度是一樣的，水位高度是幾公分？寫下你的想法？
　　■ 學生可能的回答：
　　(1) 因為和放入的百格板積木高度一樣，所以是 500 立方公分，也可以說是 500cc，1 立方公方等於 1cc。
　　(2) 筆筒的底面積是一個 100 平方公分的正方形，乘以高度 5 公分，它的體積是 500 立方公分，也就是 500cc。
　　(3) 一個百格板積木是 100 立方公分，5 片是 500 立方公分，也就是 500cc。

2. 將 650cc 的水倒入透明的 1000cc 立方體容器內，水位高幾公分？說說看你的想法？
　　■ 學生可能的回答：
　　(1) 因為透明立方體容器底面積是 100 平方公分，650cc 等於 650 立方公分，將體積除以底面積就是高，所以水位高 6.5 公分。
　　(2) 在 1000cc 的透明容器內水位高 1 公分代表水量是 100cc，650cc 的水在容器內水位高就是 6.5 公分。
　　(3) 1000cc 的透明立方體容器其長、寬、高度皆是 10 公分，650 除以長和寬，等於 6.5 公分，表示裝了 650cc 的水其高度會是 6.5 公分。

活動七：不規則物體（小石頭）的體積

曹沖秤象的故事大家都聽過，想要知道不規則石塊的體積，可以將其放入裝水（或倒入水）的容器內，觀察其水位變化，而測量出石塊的體積。

1. 上圖中這塊小石頭它的體積是多少呢？寫下你的想法？

　　■ 學生可能的回答：

　　(1) 我把它放到透明的 1 公升的立方體容器內，倒入 300cc 的水把它覆蓋住，發現水位變成 6 公分，300cc 的水位高 3 公分，現在水位變成 6 公分，增加了 3 公分的水位，所以小石頭的體積是 300cc，也就是 300 立方公分。

　　(2) 我先把 300cc 的水倒入 1 公升的立方體容器內，水位高度是 3 公

分，放入小石頭後發現它可以全部沒入水中，此時水位高 6 公
分，容器內的水和石頭兩者的體積變成 600 立方公分，扣除水的
體積後就是小石頭的體積 300 立方公分。

2. 怎麼知道這塊小石頭的體積是 300 立方公分？你是怎麼想的？

　　■ 學生可能的回答：

　(1) 我把百格板積木放在透明立體容器旁發現水位等於 6 塊百格板積
　　　木的高度，所以水位變成 6 公分，扣除開始的水高 3 公分，小石
　　　頭的體積等於 3 塊百格板積木的體積是 300 立方公分。

　(2) 觀察或用尺測量放入小石頭後，水位從 3 公分變成 6 公分，底面
　　　積 100 平方公分乘以 3 等於 300立方公分。

　(3) 用 1000 立方公分的立體木塊放在透明容器旁，水位和立體木塊 6
　　　公分等高，600 減去 300 等於 300 立方公方就是小石頭的體積。

活動八：形體設計大競賽（三維形體變二維圖形）

1. 老師有 1 個體積是 300 立方公分的立體木塊，它的形狀可能是什麼
樣子呢？利用桌上的立方塊拼成你設計的形體。

2. 若要將它包裝起來，利用提供的包裝紙，你會怎麼設計？先思考記
錄作法，再做出你要完成的設計。

活動九：拼圖大作戰

1. 下圖 6 個不同形體的積木造型都是由 1 立方單位的積木構成，它們的
體積分別為多少？

　▶ 將提供的 6 塊造型積木組成 1 個大正方體，你會怎麼組合？做
　　做看。

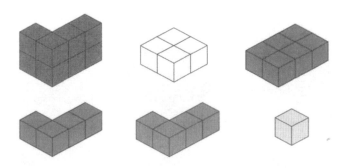

▶觀察組合好的大正方體，畫出箭頭所指的面，它是由何種顏色的積木構成？

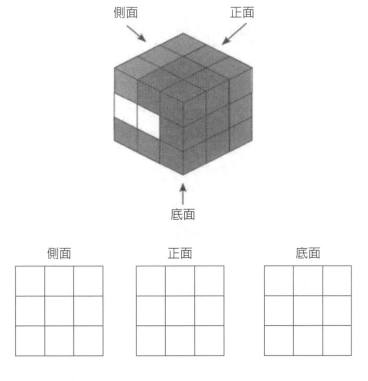

側面　　　　　　正面

底面

側面	正面	底面

2. 下圖 6 個不同形體的積木造型都是由 1 立方單位的積木構成，它們的體積分別為多少？

▶將提供的 6 塊造型積木組成 1 正方體，你會怎麼組合？做做看。

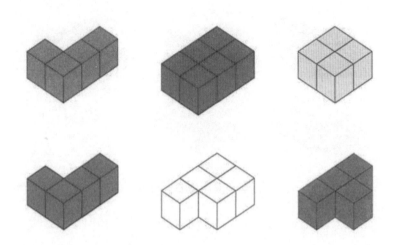

▶觀察組合好的正方體，畫出箭頭所指的面，是由何種顏色的積木構成？

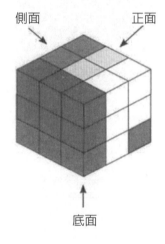

側面　　　　　正面

底面

| 側面 | 正面 | 底面 |

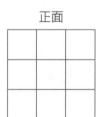

活動十：空間大作戰

1. 以下透明的形體裡面皆裝有正方體積木，觀察後回答問題。

盒子裡現在有幾個積木			
盒子裝滿時可以裝幾個積木			
盒子要裝滿還缺幾個積木			

盒子裡現在有幾個積木			
盒子裝滿時可以裝幾個積木			
盒子要裝滿還缺幾個積木			

活動十一：可以裝多少個？

1. 小明有各種紙箱，分別要裝不同的東西，可以裝幾個？說說看你是
怎麼做的。

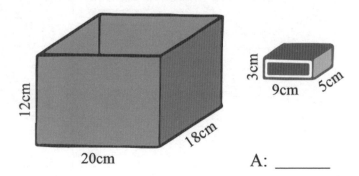

A: ＿＿＿＿＿

我的作法：＿＿＿＿＿＿＿＿＿＿＿＿＿＿＿＿＿＿＿＿＿＿＿＿

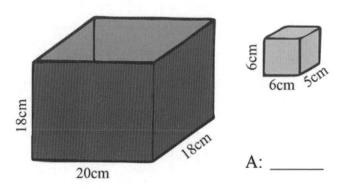

A: ＿＿＿＿＿

我的作法：＿＿＿＿＿＿＿＿＿＿＿＿＿＿＿＿＿＿＿＿＿＿＿＿

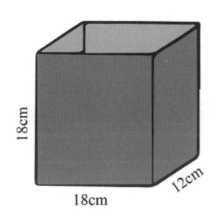

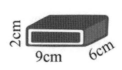

A: ＿＿＿＿＿

我的作法：＿＿＿＿＿＿＿＿＿＿＿＿＿＿＿＿＿＿＿＿＿＿＿＿＿

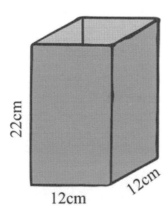

A: ＿＿＿＿＿

我的作法：＿＿＿＿＿＿＿＿＿＿＿＿＿＿＿＿＿＿＿＿＿＿＿＿＿

陸 對活動任務的省思

1. 能對設計的任務或現有的任務進行修改以適應數學目標。
2. 能辨認學生的工作或與數學目標相關的行動的重要特徵。
3. 能根據觀察學生的產出或展示的策略及其對任務的反應來解釋學生的理解。
4. 能協調和分類學生的思維，以解決未來教學中不同層次的策略和推理。

說三道四——
三角形與四邊形

壹 設計理念

在日常生活中，圖形是俯拾可見的案例，不論是藝術作品、生活用品皆可看見它的存在。雖然學生可透過視覺感知它的存在，然而對圖形構成的特徵與這些特徵彼此的關聯，要加以描述與應用卻有困難。為幫助學生理解三角形與四邊形圖形的特徵，擬透過幾何扣條操作組合方式，讓學生藉由組合之圖形的邊所呈現之顏色比對，以說明這些三角形和四邊形圖形組成的要素如邊長、角及相關特徵，進行分類與命名，並詮釋各圖形之特徵，最後能利用這些圖形的特徵加以描繪與製圖應用。以及透過七巧板的切割分成三角形及多種的四邊形，藉由這些分割後的三角形和四邊形又可重組其他有趣的幾何圖形，從重組後的圖形了解到等積異形的保留概念。

貳 數學核心素養

本研究活動實施後欲達成之核心素養如下：

1. 數-E-A1 具備喜歡數學、對數學世界好奇、有積極主動的學習態度，並能將數學語言運用於日常生活中。

2. 數-E-A2 具備基本的算術操作能力，並能指認基本的形體與相對關係，在日常生活情境中，用數學表述與解決問題。

3. 數-E-B3 具備感受藝術作品中的數學形體或式樣的素養。

4. 數-E-C1 具備從證據討論事情，以及和他人有條理溝通的態度。

5. 數-E-C2 樂於與他人合作解決問題並尊重不同的問題解決想法。

參 學習目標

本活動可應用於國小三、四年級，對應之學習重點如下：

1. 學習表現

s-II-2 認識平面圖形全等的意義。

s-II-3 透過平面圖形的構成要素，認識常見三角形、常見四邊形與圓。

s-II-4 在活動中，認識幾何概念的應用，如旋轉角、展開圖與空間形體。

2. 學習內容

N-3-13 角與角度：以具體操作為主。初步認識角和角度。角度的直接比較與間接比較。認識直角。

S-3-2 正方形和長方形：以邊與角的特徵來定義正方形和長方形。

S-3-4 幾何形體之操作：以操作活動為主。平面圖形的分割與重組。初步體驗展開圖如何黏合成立體形體。知道不同之展開圖可能黏合成同一形狀之立體形體。

S-4-3 正方形與長方形的面積與周長：理解邊長與周長或面積的關係，並能理解其公式與應用。簡單複合圖形。

S-4-6 平面圖形的全等：以具體操作為主。形狀大小一樣的兩圖形全等。能用平移、旋轉、翻轉做全等疊合。全等圖形之對應角相

等、對應邊相等。

S-4-7　三角形：以邊與角的特徵認識特殊三角形並能作圖。如正三角形、等腰三角形、直角三角形、銳角三角形、鈍角三角形。

S-4-8　四邊形：以邊與角的特徵（含平行）認識特殊四邊形並能作圖。如正方形、長方形、平行四邊形、菱形、梯形。

肆　學生學習常見之迷思概念

在學習本單元時，學生常會出現以下錯誤或迷思的概念：

1. 誤解三角形的組合不須兩邊的和大於第三邊。
2. 認為旋轉後的正方形非正方形圖形。
3. 四邊形圖形之包含關係混淆。
4. 認為正三角形非等腰三角形的一種。
5. 三角形與四邊形邊長、周長和面積的誤解。
6. 認為三角形的內角有 2 個以上的直角。

伍　活動設計內容

1. 活動所需材料

幾何扣條、紀錄單、彩色筆、直尺、量角器、卡紙、圓規、剪刀、膠水。

2. 進行方式

項次	活動目標	教具	教學進行方式
活動一：認識扣條	透過觀察了解幾何扣條顏色和長度的重要特徵	幾何扣條、紀錄單、彩色筆、直尺、量角器	觀察記錄 探究討論 發表分享

項次	活動目標	教具	教學進行方式
活動二： 三角形圖形的組成	透過操作組合三角形，了解三角形的特徵	幾何扣條、紀錄單、彩色筆、直尺、量角器	觀察記錄 探究討論 發表分享
活動三： 辨識三角形的特徵	透過觀察比較了解三角形邊長和內角的關係	幾何扣條、紀錄單、彩色筆、直尺、量角器	觀察記錄 探究討論 發表分享
活動四： 利用全等三角形組成四邊形	利用全等概念進行圖形組合，了解三角形與四邊形關係	幾何扣條、紀錄單、彩色筆、直尺、量角器	觀察記錄 探究討論 發表分享
活動五： 歸納三角形和四邊形圖形的特徵	透過觀察比較，尋找三角形與四邊形關係	幾何扣條、紀錄單、彩色筆、直尺、量角器	觀察記錄 探究討論 發表分享
活動六： 利用尺規畫出三角形和四邊形	透過圖形特有的特徵，進行三角形與四邊形的描繪	幾何扣條、紀錄單、彩色筆、直尺、量角器	觀察記錄 探究討論 發表分享
活動七： 畫圖及塗色	透過圖形特有的特徵，進行三角形與四邊形的描繪	幾何扣條、紀錄單、彩色筆、直尺、量角器	觀察記錄 探究討論 發表分享
活動八： 畫出相似的圖	透過圖形特有的特徵，進行三角形與四邊形的描繪	幾何扣條、紀錄單、彩色筆、直尺、量角器	觀察記錄 探究討論 發表分享
活動九： 等積異形創作	透過正方形圖形特有的特徵，進行幾何圖形創意設計製作	卡紙、紀錄單、圓規、直尺、膠水、剪刀	觀察記錄 探究討論 發表分享

3. 活動說明

　　本活動可透過 2（3）人 1 組進行操作、觀察、記錄與發表，教師於課室進行時可將活動所需教具依程序先行準備，發放給學生使用，並說明問題目的，分配學生任務，要求學生參與。

活動一：認識扣條

　　塑膠扣條是透過相當比例的長度製作而成，且具有多種色彩，因此可以透過操作組合形成三角形、正方形、長方形……等多種幾何圖形，學生可以透過可視化利用顏色理解圖形的特徵。

1. 教師提供以下的扣條（可事先安排類型及數量），鼓勵學生進行觀察，詢問學生對這些扣條會怎麼分類並做記錄？說說看分類的想法？

2. 詢問學生紫色和紅色的扣條、橘色和黃色的扣條之間有什麼差異？說說看想法？
　　■ 學生：長度大小不同，但可以用三根以上的扣條組合出各種形狀。

3. 詢問學生用 3 根紅色的扣條圍成一三角形，那麼同樣的三角形則需要幾根同樣顏色的扣條才能圍成？有幾種組合？
　　■ 學生：有黃色、紅色……等正三角形，它們的大小都不同。

4. 詢問學生用 4 根黃色的扣條圍成一正方形，那麼同樣的正方形則需要幾根同樣顏色的扣條才能圍成？有幾種組合？
　　■ 學生：有黃色、紅色……等正方形，它們的大小都不同。

5. 詢問學生將這些正三角形的一個角作爲原點疊在一起後會發現什麼？說說看。

6. 詢問學生將這些正三角形的一個角作爲原點疊在一起後會發現什麼？說說看。

活動二：三角形圖形的組成

1. 鼓勵學生利用這些扣條（教師事先安排）進行三角形圖形的組合，會組成哪些三角形呢？動動腦想想看。

   ■ 學生：有正三角形、等腰三角形、不等邊三角形、等腰直角三角形。

2. 將組成的三角形分類，你會怎麼分？鼓勵學生說明。

   ■ 學生利用邊長顏色或角度大小描述說明。

3. 將這些分類的三角形予以命名，說明命名的理由。

   ■ 學生透過工具例如尺或量角器進行測量，利用邊長顏色或角度大小描述說明。

活動三：辨識三角形的特徵

1. 拿出以下扣條組好的三角形並觀察它們有什麼特徵（邊長和角）？並要求學生將這些特徵記錄下來。

2. 將組成的三角形按它的角分類，你會怎麼分？說明理由。
   ■ 學生：直角三角形、銳角三角形和鈍角三角形。

3. 將組成的三角形按它的邊分類，你會怎麼分？說明理由。
   ■ 學生：有正三角形、等腰三角形、不等邊三角形、等腰直角三角形。

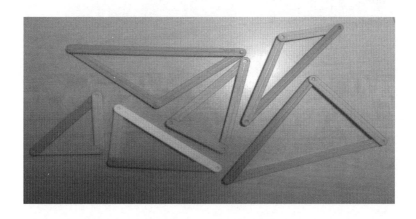

活動四：利用全等三角形組成四邊形

1.「等腰直角三角形」與正方形

   (1) 下圖2個等腰直角三角形一樣嗎？說說看你的想法（全等的意義）。
   ■ 學生利用顏色或疊合比較說出兩三角形全等的意義。

   (2) 下圖 2 個等腰直角三角形邊與邊連結組成後變成什麼圖形？此四邊形圖形的角和邊有何特徵？
   ■ 學生：因為圖形有四條邊，稱為四邊形，又因為其邊和角的特徵可組成正方形和等腰直角三角形。

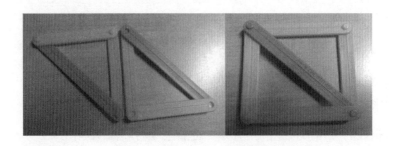

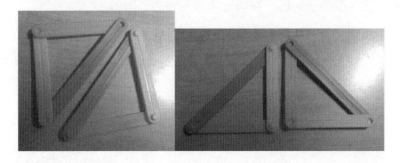

(3) 這 2 個一樣大的等腰直角三角形還可組成什麼圖形？這些組成後的圖形它們的面積一樣大嗎？為什麼？

2.「直角三角形」與長方形

(1) 下圖 2 個直角三角形一樣嗎？說說看你的想法（全等的意義）。

(2) 下圖 2 個直角三角形邊和邊連結組成後變成什麼圖形？此四邊形圖形的角和邊有何特徵？

(3) 這 2 個一樣大的直角三角形還可組成什麼圖形？這些組成後的圖形它們的面積一樣嗎？為什麼？

■ 學生：可以組成平行四邊形、長方形、箏形、等腰三角形，它們的面積都一樣大（都是由兩個相同面積的三角形構成），只是圖形形狀不同。

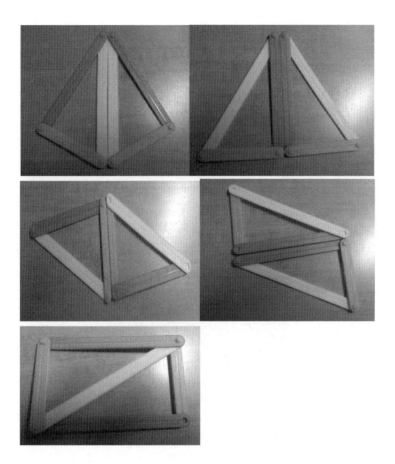

3.「等腰鈍角三角形」與平行四邊形（菱形）

(1) 下圖 2 個等腰三角形一樣嗎？說說看你的想法（全等的意義）。

(2) 下圖 2 個等腰三角形邊和邊連結組成後變成什麼圖形？此四邊形圖形的角和邊有何特徵？

(3) 這 2 個一樣大的等腰三角形還可組成什麼圖形？這些組成後的圖形它們的面積一樣嗎？為什麼？

■ 學生：可以組成平行四邊形、正方形、鏢形……，它們的面積都一樣大（都是由兩個相同面積的等腰直角三角形構成），只是圖形形狀不同。

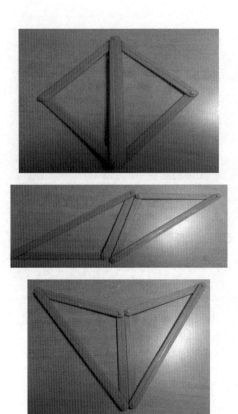

4.「等腰銳角三角形」與平行四邊形（菱形）

(1) 下圖 2 個等腰三角形一樣嗎？說說看你的想法（全等的意義）。

(2) 下圖 2 個等腰三角形邊和邊連結組成後變成什麼圖形？此四邊形圖形的角和邊有何特徵？

(3) 這 2 個一樣大的等腰三角形還可組成什麼圖形？這些組成後的圖形它們的面積一樣嗎？為什麼？

■ 學生：可以組成平行四邊形（菱形）、鏢形……，它們的面積都一樣大（都是由兩個相同面積的等腰三角形構成），只是圖形形狀不同。

5.「任意三角形」與等腰梯形

　(1) 下圖 2 個不等邊三角形大小一樣嗎？說說看你的想法。

　(2) 下圖 2 個三角形邊和邊連結組成後變成什麼圖形？此四邊形圖形
　　　的角和邊有何特徵？

　(3) 這 2 個不等邊三角形還可組成什麼圖形？這些組成後的圖形它們
　　　的面積一樣嗎？為什麼？

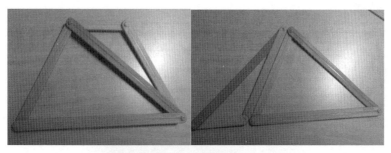

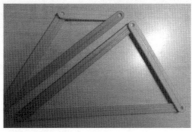

活動五：歸納三角形和四邊形圖形的特徵

完成上述組合活動後，將三角形與四邊形的特徵和關係歸納於下表內。

圖形	◼	▮	◆	▰	⬠
名稱					
由哪兩種三角形構成？					
這兩種三角形有什麼特徵？					
四邊形有什麼特徵？　邊長					
對邊					
角					
對角					
其他					

活動六：利用尺規畫出三角形和四邊形

1. 畫出指定的三角形圖形（利用直尺與量角器）。

圖形名稱	等腰銳角三角形	等腰直角三角形	正三角形	不等邊三角形	等腰鈍角三角形
畫圖區					

2. 畫出指定的四邊形圖形（利用直尺與量角器）。

圖形名稱	正方形	長方形	平行四邊形	菱形	梯形
畫圖區					

活動七：畫圖及塗色

1. 觀察下圖圓內的圖形後將它們複製到下面的圓中。

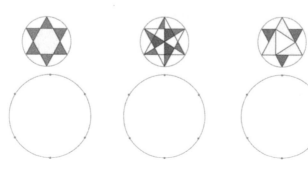

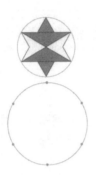 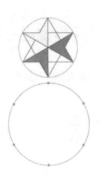 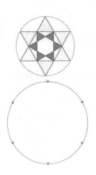

2. 依照右圖繪製圖形的順序，完成作品。

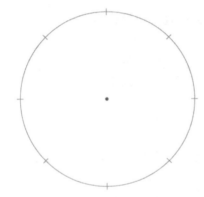 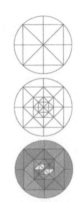

活動八：畫出相似的圖

1. 將以下的圖放大 2 倍並塗上顏色。

2. 將下圖縮小為原來的 $\frac{1}{2}$ 倍後畫到右邊方格紙上,並塗上顏色。

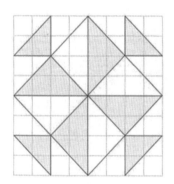 

活動九:等積異形創作

1. 利用圓規將正方形的邊長當成直徑,在正方形內畫圓,可以畫出什麼圖形?說說看理由。

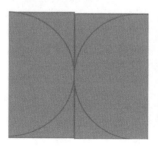 

2. 把正方形內的圓剪下，並把圓做等分，添加一些元素或插圖，利用
　　正方形剪下後的物件做幾何圖形的創作，並與大家分享作品及想法。

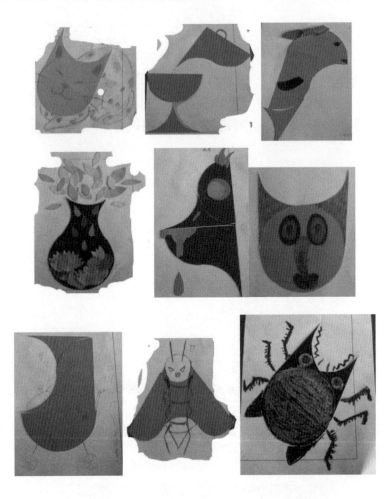

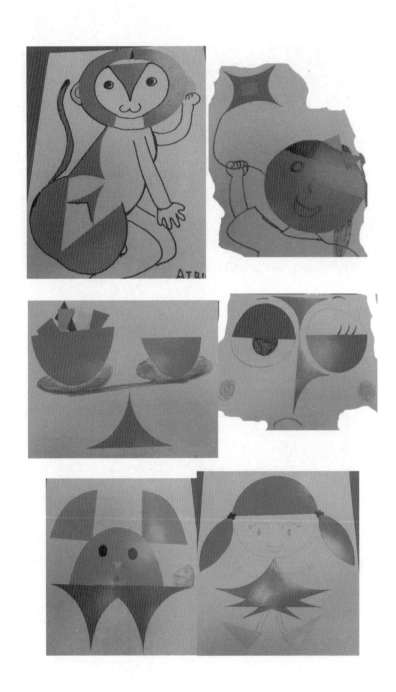

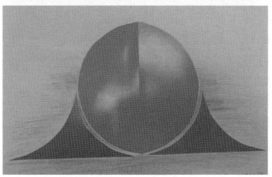

陸　對活動任務的省思

1. 能對設計的任務或現有的任務進行修改以適應數學目標。

2. 能辨認學生的工作或與數學目標相關的行動的重要特徵。

3. 教師能根據課室裡觀察學生的產出或展示的策略及其對任務的反應
   來解釋學生的理解。

4. 能協調和分類學生的思維，以解決未來教學中不同層次的策略和
   推理。

5. 對於學生的創造與想像力給予高度肯定。

單元 **11**

孤獨家族──質數

單元 11

壹 設計理念說明

　　質數又稱爲素數，是指只能被 1 和自身整除，無法被其他自然數整除的正整數；大於 1 的自然數，如果不是質數，就被稱爲合數（也稱爲合成數）。因爲質數除了 1 和自身外沒有其他因數的特性，因此質數也常被認爲是天生孤獨的數字。

　　在國小高年級的數學課程中，數學問題均可以透過觀察、臆測、推演、驗證的歷程，運用歸納、演繹、推理、一般化、模型化等方法解題。但是，直到現今，數學家們仍無法找到可以檢驗質數的方法。在小學階段，質數多只有數學上計算的意義，不易有生活應用價值。因此，質數、質因數分解就成爲許多學生容易混淆，且對於其相關解題感到困難的一個主題。

　　找兩整數的公因數、公倍數的解題活動，需要先具備將整數分解成兩個整數相乘找出因數，或將整數分解成質因數相乘的分解式的能力。對於用短除法做質因數分解，算最大公因數、最小公倍數的計算，學生往往未能理解分解成兩個整數相乘和分解成質因數分解式的關聯性，只會模仿所學到的計算技巧，而不理解所使用方法的意義。

　　據此，本活動設計以引導學生解決用正方形鋪排一個長方形的問題出發，發展因數、公因數及最大公因數的意義，透過以將一個大於1的整數分解成兩整數相乘來找因數、公因數及最大公因數的方法，連結質數及質因數分解的意義及應用。鑑於學生往往缺乏檢視所運用的解題策略的後設認知能力，因此，本活動設計並透過遊戲活動，提供學生檢視策略，以協助學生透過非例行性題型的延伸學習奠定學習基礎。

貳　數學核心素養

　　本研究活動實施後欲達成之核心素養如下：

1. 數-E-A2 具備基本的算術操作能力，並能指認基本的形體與相對關係，在日常生活情境中，用數學表述與解決問題。
2. 數-E-A3 能觀察出日常生活問題和數學的關聯，並能嘗試與擬訂解決問題的計畫。在解決問題之後，能轉化數學解答於日常生活的應用。
3. 數-E-C1 具備從證據討論事情，以及和他人有條理溝通的態度。
4. 數-E-C2 樂於與他人合作解決問題並尊重不同的問題解決想法。

參　學習目標

　　本活動配合之學習表現和學習內容如下：

1. 學習表現

n-III-4 認識因數、倍數、質數、最大公因數、最小公倍數的意義、計算與應用。

r-III-3 觀察情境或模式中的數量關係，並用文字或符號正確表述，協助推理與解題。

2. 學習內容

N-5-3 公因數和公倍數：因數、倍數、公因數、公倍數、最大公因
　　　數、最小公倍數的意義。

N-6-1 20 以內的質數和質因數分解：小於 20 的質數與合數。2、3、5
　　　的質因數判別法。以短除法做質因數的分解。

N-6-2 最大公因數與最小公倍數：質因數分解法與短除法。兩數互
　　　質。運用到分數的約分與通分。

肆　學生學習常見之迷思概念

　　在學習本單元時，學生常會出現以下錯誤或迷思的概念：

1. 對於公因數的概念，常出現「忽略 1 是任何整數的因數」的迷思概念。

2. 認為任意兩個（兩個以上）整數只有最大公因數，忽略 1 是兩個（兩
　　個以上）整數的最小公因數。

3. 未能理解一個比 1 大的整數可以用兩數相乘及用質因數分解等兩種
　　表示方式間的關聯性。

伍　活動設計內容

1. 活動所需材料

　　數字卡 1-50、邊長為 1-10 公分的正方形片、長方形紙板、圓片、
計算機、遊戲紀錄單。

2. 進行方式

項次	活動目標	教具	教學進行方式
活動一： 合群的數	透過鋪排正方形貼紙的 操作探討，發展因數、 公因數的意義	邊長是 1-10 公分 的正方形片、長方 形紙、紀錄單	操作記錄 探究討論 發表分享

項次	活動目標	教具	教學進行方式
活動二： 乘雙乘對	透過將整數分解成兩個比 1 大的整數相乘發展質數、合數的意義	數字卡、紀錄單、圓片	觀察記錄 探究討論 發表分享
活動三： 孤獨家族	能透過把整數有序地除以質因數，將合數寫成質因數分解	數字卡、紀錄單、貼紙	觀察記錄 探究討論 發表分享
活動四： 孤獨家族密碼	能透過質因數分解找出該整數的因數及兩數的最大公因數	數字卡、計算機、圓片	觀察記錄 探究討論 發表分享

3. 活動說明

(1) 本教學活動運用分組方式進行操作。

(2) 活動二的紀錄單每組 1 張，活動三的紀錄單則為每人生 1 張，為便於檢查及觀察記錄結果，圓形貼紙宜要求學生依顏色寫上 2、3、5、7 的數字。

(3) 活動四的密碼遊戲，主要是協助學生延伸學習從兩數的質因數分解找出最大公因數，以及透過質因數分解及各數字張數的線索，進行解題思考。

活動一：合群的數

　　貼紙公司推出客製化服務，顧客可以訂製相同尺寸的正方形貼紙排滿在長 24 公分、寬 18 公分的長方形紙板上，正方形貼紙邊長最小可以是 1 公分，最大到 10 公分，且邊長的長度限定是整數。小麗想要訂製剛好可以在長方形紙板上排滿的個人貼紙，她可以選擇訂製哪些尺寸的貼紙呢？

1. 請先想想看，用邊長幾公分的正方形多少個，可以剛好鋪滿長方形 24 公分的邊，和同學討論你的想法，再拿出正方形附件排排看，將鋪排結果用算式記錄下來。

   ■ 學生能找出用邊長 1 公分、2 公分、3 公分、4 公分、6 公分、8 公分、12 公分、24 公分的正方形可以剛好排滿 24 公分的邊。並寫出 $24 \div 1 = 24$、$24 \div 2 = 12$、$24 \div 3 = 8$、$24 \div 4 = 6$、$24 \div 6 = 4$、$24 \div 8 = 3$、$24 \div 12 = 2$、$24 \div 24 = 1$ 或 $24 = 1 \times 24$、$24 = 2 \times 12$、$24 = 3 \times 8$、$24 = 4 \times 6$……的算式紀錄。

   我們可以從算式紀錄中看到 24 可以被 1、2、3、4、6、8、12、24 整除，1、2、3、4、6、8、12、24 是 24 的因數。

2. 再想想看，用邊長幾公分的正方形多少個，可以剛好鋪滿長方形 18 公分的邊，和同學討論你的想法，再拿出正方形附件排排看，將鋪排結果用算式記錄下來。

   ■ 學生能找出用邊長 1 公分、2 公分、3 公分、6 公分、9 公分、18 公分的正方形可以剛好排滿 18 公分的邊。並寫出 $18 \div 1 = 18$、$18 \div 2 = 9$、$18 \div 3 = 6$、$18 \div 6 = 3$、$18 \div 9 = 2$、$18 \div 18 = 1$ 或 $18 = 1 \times 18$、$18 = 2 \times 9$、$18 = 3 \times 6$……的算式紀錄。

   我們可以從算式紀錄中看到 18 可以被 1、2、3、6、9、18 整除，1、2、3、6、9、18 是 18 的因數。

3. 小麗可以選擇哪些尺寸的正方形貼紙？請學生共同完成以下表格，找出用邊長幾公分的正方形，可以剛好鋪滿長 24 公分、寬 18 公分的長方形紙板。

   ■ 學生能完成下方表格，說出可以選擇邊長 1 公分、2 公分、3 公分、6 公分的正方形。

正方形邊長	1cm	2cm	3cm	4cm	5cm	6cm	7cm	8cm	9cm	10cm
剛好排 24cm	✓	✓	✓	✓		✓		✓		
剛好排 18cm	✓	✓	✓			✓			✓	

24 的因數有：1、2、3、4、6、8、12、24

18 的因數有：1、2、3、6、9、18

我們可以從算式紀錄及表格中看到 1、2、3、6 是 18 和 24 的公因數。

4. 要鋪滿長 30 公分、寬 25 公分的長方形紙板，可以選擇哪幾種正方形貼紙？請找出 30 和 25 各有哪些因數？再完成表格，找出可以選擇哪幾種貼紙？

　　■ 學生能找出 30 和 25 各有哪些因數，再完成表格，說出可以選擇邊長 1 公分、5 公分的正方形。

　　30 的因數有：1、2、3、5、6、10、15、30

　　25 的因數有：1、5、25

正方形	1cm	2cm	3cm	4cm	5cm	6cm	7cm	8cm	9cm	10cm
剛好排 30cm	✓	✓	✓		✓	✓				✓
剛好排 25cm	✓				✓					

　　我們可以從算式紀錄及表格中看到 1、5 是 30 和 25 的公因數。

5. 1 是任何整數的因數，也是任意兩個（兩個以上）整數的最小公因數。

　　■ 引導學生觀察前面各數找出的因數和公因數，發現並理解 1 是自己的因數，也是所有比 1 大的整數的因數。

活動二：乘雙乘對

　　我們知道 1 是自己的因數，也是所有比 1 大的整數的因數。比 1 大的整數除了可以被 1 和自己整除，記成 1 乘以自己外（例如：2 = 1×2），哪些數還可以被其他比 1 大的整數整除，記成比 1 大的兩數相乘呢？

1. 乘雙乘對遊戲

　　■ 學生 4 人 1 組，每組數字卡 2-30 共 29 張，紅色圓片 15 個。

■ 說明遊戲規則後學生進行遊戲，每組將 2-30 數字卡背面朝上洗牌
後放在中間。

(1) 輪流翻開 1 張數字卡，由翻牌學生（莊家）在遊戲紀錄表中該數
字的格子下方寫出牌面數字能拆成比 1 大的兩數相乘的所有算
式，例如：12 能寫出「2×6」、「3×4」等 2 組算式。如果翻出
的數字沒辦法拆成比 1 大的兩數相乘，則在紀錄表該數字的格子
下方放上 1 個紅色圓片。

(2) 莊家如正確完成任務，可以獲得該張數字卡，莊家如算式錯誤或
算式少寫，其他學生可以搶拍數字卡，拍到數字卡的學生正確完
成莊家任務，就可以獲得該張數字卡。

2. **請學生觀察遊戲紀錄表，並發表從表中發現哪些特別的地方。**

1	2	3	4	5	6	7	8	9	10
／	●	●	2×2	●	2×3	●	2×4	3×3	2×5
11	12	13	14	15	16	17	18	19	20
●	2×6 3×4	●	2×7	3×5	2×8 4×4	●	2×9 3×6	●	2×10 4×5
21	22	23	24	25	26	27	28	29	30
3×7	2×11	●	2×12 3×8 4×6	5×5	2×13	3×9	2×14 4×7	●	2×15 3×10 5×6

■ 學生發表觀察後可能的發現：

(1) 可以整除2的數（2的倍數），它的個位數字都是2、4、6、8、0。

(2) 可以整除 5 的數（5 的倍數），它的個位數字都是 5、0。

(3) 放紅色圓片的數，除了 2 以外，其他都是奇數。

(4) 4、9、16、25 都可以拆成兩個一樣的數相乘。

⋮

■ 像 4、6、9、10、……這些可以拆成比 1 大的兩數相乘的數，我們

稱為合數（或合成數），它們除了 1 和自己以外，還有其他因數。像 2、3、5、7、……只能拆成 1 和自己相乘，只有 1 和本身兩個因數，這種數字我們稱為質數。

■ 1 是所有整數的因數，因為 1 只有本身 1 個因數，所以 1 不是質數也不是合數。

3. 用拆成兩個數相乘，做做看 39 是質數還是合數？43 是質數還是合數？

■ 學生能將 39 拆成 1×39、3×13；43 拆成 1×43，從分解結果說明 39 是合數、43 是質數。

活動三：孤獨家族

我們知道 1 是所有比 1 大的整數的因數，像 2、3、5、7、……這些質數，只有 1 和本身兩個因數。所以質數除了 1 以外，只有自己 1 個專屬的因數，比 1 大的整數如果不是孤獨的質數，就是合數。合數一定可以拆開成比 1 大的兩個整數相乘嗎？

1. 一個合數可以拆成幾個質數相乘？

■ 請學生拿出活動二的遊戲紀錄表，找出 12 可以拆成哪兩個數相乘。學生觀察紀錄表後發表：12 可以拆成 2×6、也可以拆成 3×4。

▶ 12 = 2×6，2 是質數還是合數？6 是質數還是合數？

■ 請學生回答。

▶ 6 是合數，因為 6 也可以拆成兩個比 1 大的數相乘？是幾 × 幾呢？

■ 請學生回答。

▶ 6 = 2×3，所以 12 可以記成 12 = 2×6，也可以記成 12 = 2×2×3。12 分解成 2×2×3 後，算式裡還有合數可以拆成兩個數相乘嗎？

■ 請學生回答。

▶ 12 也可以拆成 3 和 4 相乘，12 = 3×4，3 是質數還是合數？4 是質

數還是合數？

■ 請學生回答。

▶ 4 是合數，表示 4 也可以拆成兩個比 1 大的數相乘？是幾乘幾呢？

■ 請學生回答。

▶ 4 = 2×2，所以 12 可以記成 12 = 3×4，也可以記成 12 = 3×2×2。算式裡還有合數可以拆成兩個數相乘嗎？

■ 請學生回答。

■ 教師統整：12 可以分解成 2×6 再分解成 2×2×3，12 也可以分解成 3×4 再分解 3×2×2，兩個算式都將 12 分解成 3 個質數相乘，「2×2×3」是 12 專屬的質數相乘家族。

2. 找出 36 專屬的質數相乘家族。

　■ 學生討論做法，將 36 分解成 2×2×3×3。

　(1) 36 = 2×18，18 = 2×9，9 = 3×3，所以 36 = 2×2×3×3

　(2) 36 = 3×12，12 = 3×4，4 = 2×2，所以 36 = 3×3×2×2

　(3) 36 = 4×9，4 = 2×2，9 = 3×3，所以 36 = 2×2×3×3

3. 找出 24 專屬的質數相乘家族。

　■ 學生討論做法，將 24 分解成 2×2×2×3。

　(1) 24 = 2×12，12 = 2×6，6 = 2×3，所以 24 = 2×2×2×3

　(2) 24 = 3×8，8 = 2×4，4 = 2×2，所以 24 = 3×2×2×2

　(3) 24 = 4×6，4 = 2×2，6 = 2×3，所以 24 = 2×2×2×3

4. **教師統整：每一個合數都有一個專屬的質數相乘家族，請做做看，用貼紙將遊戲紀錄表的數字分解成質數相乘家族。**

　■ 每位學生黃色、藍色、綠色、紫色、紅色圓形貼紙各 1 張（每張有 50 個圓形小貼紙），請學生在黃色都寫上 2、藍色都寫上 3、綠色寫上 5、紫色寫 7、紅色寫上在活動二找到的其他質數 11、13、17……。然後將每一個數的質數相乘家族的貼紙貼上去，如下表。

1	2	3	4	5	6	7	8	9	10
（斜線）	②	③	② ②	⑤	② ③	⑦	② ② ②	③ ③	② ⑤

11	12	13	14	15	16	17	18	19	20
⑪	② ② ③	⑬	② ⑦	③ ⑤	② ② ② ②	⑰	② ③ ③	⑲	② ② ⑤

21	22	23	24	25	26	27	28	29	30
③ ⑦	② ⑪	㉓	② ② ② ③	⑤ ⑤	② ⑬	③ ③ ③	② ② ⑦	㉙	② ③ ⑤

31	32	33	34	35	36	37	38	39	40
㉛	② ② ② ② ②	③ ⑪	② ⑰	⑤ ⑦	② ② ③ ③	㊲	② ⑲	③ ⑬	② ② ② ⑤

41	42	43	44	45	46	47	48	49	50
㊶	② ③ ⑦	㊸	② ② ⑪	③ ③ ⑤	② ㉓	㊼	② ② ② ② ③	⑦ ⑦	② ⑤ ⑤

5. 表格中只有 1 個圓形貼紙的數，都是只有自己的 1 張貼紙，這些數都是除了 1 和本身外沒有其他因數的質數，一起觀察表格找找看，1 到 50 有哪些數是質數。

　■ 學生觀察所製作的表格找出 1 到 50 的質數有：2、3、5、7、11、13、17、19、23、29、31、37、41、43、47。

6. 觀察上表 40 的專屬質數相乘家族，寫出 40 分解成的質數相乘算式。

　■ 學生觀察所製作的表格寫出 40 = 2×2×2×5。

　■ 教師統整：40 = 2×2×2×5，40 分解成 2×2×2×5 的質數相乘算式，像這樣將一個數分解成質數相乘的結果叫作質因數分解。

活動四：孤獨家族密碼

1. 質因數分解和因數的關係
   ■ 請學生觀察以下 36 的表示方法。

   (1) 36 用兩種方法表示都是對的嗎？兩種表示各代表什麼意思？

   ① $36 = 1 \times 36$ 　　　② $36 = 2 \times 2 \times 3 \times 3$

   $ = 2 \times 18$

   $ = 3 \times 12$

   $ = 4 \times 9$

   $ = 6 \times 6$

   (2) 從 36 的質因數分解中，可以看出所有 36 的因數嗎？把想法寫
   　　下來。

   ■ 引導學生從 $36 = 2 \times 18$ 和 $36 = 2 \times 2 \times 3 \times 3$ 對照出 $18 = 2 \times 3 \times 3$；
   $36 = 3 \times 12$ 和 $36 = 2 \times 2 \times 3 \times 3$ 對照出 $12 = 2 \times 2 \times 3$，……。討論
   歸納：

$36 = 1 \times 36 = 1 \times (2 \times 2 \times 3 \times 3)$	有因數 1 和 $2 \times 2 \times 3 \times 3$
$36 = 2 \times 18 = 2 \times (2 \times 3 \times 3)$	有因數 2 和 $2 \times 3 \times 3$
$36 = 3 \times 12 = 3 \times (2 \times 2 \times 3)$	有因數 3 和 $2 \times 2 \times 3$
$36 = 4 \times 9 = (2 \times 2) \times (3 \times 3)$	有因數 2×2 和 3×3
$36 = 6 \times 6 = (2 \times 3) \times (2 \times 3)$	有因數 2×3

   (3) 用質因數分解的結果找因數：$24 = 2 \times 2 \times 2 \times 3$ 如何找出 24 的因數？

   ■ 引導學生用分成 2 個數相乘的想法：

$24 = 1 \times 24 = 1 \times (2 \times 2 \times 2 \times 3)$	有因數 1 和 $2 \times 2 \times 2 \times 3$
$24 = 2 \times 12 = 2 \times (2 \times 2 \times 3)$	有因數 2 和 $2 \times 2 \times 3$
$24 = 3 \times 8 = 3 \times (2 \times 2 \times 2)$	有因數 3 和 $2 \times 2 \times 2$
$24 = 4 \times 6 = (2 \times 2) \times (2 \times 3)$	有因數 2×2 和 2×3

2. 由質因數分解找最大公因數

■ 從 36 的質因數分解和 24 的質因數分解找因數：

36 = 1×(2×2×3×3) 有因數 1 和 2×2×3×3	24 = 1×(2×2×2×3) 有因數 1 和 2×2×2×3
36 = 2×(2×3×3) 有因數 2 和 2×3×3	24 = 2×(2×2×3) 有因數 2 和 2×2×3
36 = 3×(2×2×3) 有因數 3 和 2×2×3	24 = 3×(2×2×2) 有因數 3 和 2×2×2
36 = (2×2)×(3×3) 有因數 2×2 和 3×3	24 = (2×2)×(2×3) 有因數 2×2 和 2×3
36 = (2×3)×(2×3) 有因數 2×3	

　　由質因數分解式和因數的關係 36 = 3×(2×2×3)、24 = 2×(2×2×3)，可以得知 36 和 24 的最大公因數的質因數分解式是 2×2×3 = 12，最大公因數是 12。

3. 有兩個數的質因數分解的結果分別是 2×2×3×5×5、2×3×3×5×7，如何找出這兩個數的最大公因數？

■ 引導學生用分成 2 個數相乘的想法：

2× 2×3×5 ×5、 2×3 ×3 ×5 ×7 的質因數分解式中都有 2×3×5

2×2×3×5×5 = (2×5)×(2×3×5)

2×3×3×5×7 = (3×7)×(2×3×5)

由質因數分解和因數的關係，可以得知兩數的最大公因數的質因數分解是 2×3×5，2×3×5 = 30，最大公因數是 30。

4.「孤獨家族密碼」遊戲

■ 學生 4 人 1 組，每組數字卡 1、2、3、5、7 數字卡各 3 張，共 15 張數字卡，每人都有 5 個圓片，每組並有 50 個共同圓片。

■ 遊戲規則：

(1) 學生輪流當莊家，莊家將 15 張數字卡洗勻後分成兩堆各 6 張，

另外 3 張蓋住收起來。兩堆都依照數字由小排到大，兩堆數字卡分別代表兩個數的質因數分解結果，莊家說出兩數的最大公因數（可以用計算機計算）。

例如：莊家將圖卡分成（左）1×1×2×3×5×7 及（右）2×3×5×5×7×7 兩個質因數分解式，找出兩數的最大公因數質因數分解是 2×3×5×7，算出 2×3×5×7 = 210，說出兩數的最大公因數是 210。

(2) 其他學生輪流猜兩邊的牌卡數字是多少，輪到時可以猜測莊家蓋住的兩個質因數分解數字卡其中 1 張的數字。

學生可以選擇不猜，換下一個人猜，猜對可以得到 1 個圓片（得到 1 分），猜錯要給莊家 1 個圓片，輪到時只能猜 1 次，猜過就換下一個人猜。

例如：A 家猜右邊第 1 張是 2，猜對了，莊家從共同圓片中拿 1 個給 A 家，換 B 家猜。B 家猜左邊第 1 張是 2，B 家猜錯了，要拿出自己的 1 個圓片給莊家，換 C 家猜。C 家如選擇不猜，則輪回 A 家猜。

(3) 莊家的數字如果全部被猜中，表示莊家正確找到最大公因數的任務，可以再獲得 3 個圓片，本局結束，換另 1 個人當莊家。全組學生都當過莊家，遊戲結束。

例如：莊家將圖卡分成 2×2×3×3×5×7 及 2×3×5×5×7×7 兩個質因數分解式，找出兩數的最大公因數質因數分解是 2×3×5×7，2×3×5×7 = 210，說出兩數的最大公因數是 210。

陸 對活動任務的省思

1. 本教學活動不指導用短除法找兩數最大公因數的方法，改成引導學生學習從兩數的質因數分解，找出最大公因數的方法，對學生而言有其難度，教師宜耐心指導並鼓勵學生多元解題策略。

2. 從質因數分解式找出該數因數的活動，其質因數分解式不宜太複雜，除了透過將整數分成兩數相乘有序地找出所有因數與質因數分解式的對應，理解可以用質因數分解式找出該數因數的方法外，可鼓勵學生發展以質因數組合或自行設計表格記錄組合等方法，避免因教學設計限制了學生思考。

附件

「乘雙乘對」遊戲紀錄單

1	2	3	4	5	6	7	8	9	10
11	12	13	14	15	16	17	18	19	20
21	22	23	24	25	26	27	28	29	30
31	32	33	34	35	36	37	38	39	40
41	42	43	44	45	46	47	48	49	50

「孤獨家族」遊戲紀錄單

1	2	3	4	5	6	7	8	9	10

11	12	13	14	15	16	17	18	19	20

21	22	23	24	25	26	27	28	29	30

31	32	33	34	35	36	37	38	39	40

41	42	43	44	45	46	47	48	49	50

邊長 1 公分方格版 —— 剪裁各種尺寸正方形（本圖為 69% 縮圖）

因數和倍數對對碰

壹 設計理念說明

　　為解決學生推理產生的困難，一些學者宣稱基礎數論（primary number theory）的學習可作為銜接與溝通算術與代數的橋梁，因為一些數論的本質具有規律，學生可從一般化的歷程進行要素辨識、推理及連結問題結構中變數的關係，以公理或算式表達問題的關係，進而擴展至其他情境解題。分析小學數學課程對數論的安排較關注在乘數、除數、因數、可除性（divisibility）、可除性的特性、最小公倍數、最大公因數、質因數分解、質數與合數、線性數列等議題上。這些基礎數論的內容對小學生而言是合宜的，因為它可協助學生應用乘法推理的知識，對乘法和除法的特性進行連結。數論的學習確實可促進學生代數推理能力的發展，但要充分利用乘法推理進行解題，學生則須具備將質數相乘的經驗：包含質因數分解（prime factorizations）、利用質因數分解完成算術，以及應用在因數分解結構中可以辨識和論證可除性的關係，學生若能建構質因數步驟的基本性質，就能運用這些因數當成一種等同於解題的結構性工具。

　　學習因數、倍數對許多學生而言很辛苦，也很常犯錯或產生迷

思。因數、倍數是國小重要的概念，第一是因爲國中會再出現因數、倍數，所以國小是連結國中因數、倍數課程的重要基礎，若在國小沒有把概念建立起來，就很難銜接國中的課程，第二則是生活上其實有很多有關因數、倍數的問題，像是日常生活中常出現的分裝問題，要分裝成幾袋才能剛好分完或是要多少東西裝成一袋才能裝完，還有比較誰是誰的幾倍的問題，都會運用到因數、倍數。當學生建立好正確的概念和知道自己爲何而學時，就能找到正確且最快速的方法解決這些生活上的問題。因數與倍數是小學高年級與國中階段學生學習的重要數學議題，是培養學生數字推理重要的數學概念，由於內容偏向抽象的數字演算，因此常造成學生學習困難與無趣之感。爲增進學生對因數和倍數學習能力的提升，本單元透過自製之因倍數魔力卡片，從卡片中數字與顏色之配對，提供學生視覺化之觀察、比對和符號抽離，進行操作、歸納和推理，從中了解 10 以內之質數和合數的特徵，進而透過數字卡顏色的配對，以 10 以內質數的顏色作爲基礎，探索因數和倍數的關係與其定義，擴展至兩數最大公因數和最小公倍數的轉換，掌握質因數分解的規則，並應用於生活情境熟練解題。

貳 數學核心素養

本研究活動實施後欲達成之核心素養如下：

1. 數-E-A1 具備喜歡數學、對數學世界好奇、有積極主動的學習態度，並能將數學語言運用於日常生活中。
2. 數-E-A2 具備基本的算術操作能力，並能指認基本的形體與相對關係，在日常生活情境中，用數學表述與解決問題。
3. 數-E-B1 具備日常語言與數字及算術符號之間的轉換能力，並能熟練操作日常使用之度量衡及時間，認識日常經驗中的幾何形體，並能以符號表示公式。

4. 數-E-C1 具備從證據討論事情，以及和他人有條理溝通的態度。

參　學習目標

本活動的內容，設計配合之學習表現和學習內容指標如下：

1. 學習表現

n-III-3 認識因數、倍數、質數、最大公因數、最小公倍數的意義、計算與應用。

r-III-3 觀察情境或模式中的數量關係，並用文字或符號正確表述，協助推理與解題。

2. 學習內容

N-5-3 公因數和公倍數：因數、倍數、公因數、公倍數、最大公因數、最小公倍數的意義。

N-6-1 20 以內的質數和質因數分解：小於 20 的質數與合數。2、3、5 的質因數判別法。以短除法做質因數的分解。

N-6-2 最大公因數與最小公倍數：質因數分解法與短除法。兩數互質。運用到分數的約分與通分。

R-6-3 數量關係的表示：代數與函數的前置經驗。將具體情境或模式中的數量關係，學習以文字或符號列出數量關係的關係式。

肆　學生學習常見之迷思概念

在學習本單元時，學生常會出現以下錯誤或迷思的概念：
1. 認為某數的因數有無限個，而倍數是有限的。
2. 不知某數本身即是自己的因數和倍數。

3. 忽略因數包含 1 和自己本身。

4. 認爲兩數的最大公因數比兩數大，最小公倍數比兩數小。

5. 利用合數進行質因數分解。

6. 認爲兩數字相乘即是這兩數的最小公倍數。

伍 活動設計內容

1. 活動所需材料

因倍數魔力卡、紀錄單、筆。

2. 進行方式

項次	活動目標	教具	教學進行方式
活動一： 質數和合數的特徵	透過觀察了解質數與合數的重要特徵	因倍數魔力卡、紀錄單	觀察記錄 探究討論 發表分享
活動二： 3、6、9、12、15 的因數和倍數	透過觀察比較了解數字之間因數和倍數的關係	因倍數魔力卡、紀錄單	觀察記錄 探究討論 發表分享
活動三： 4、8、12、16 的因數和倍數	透過觀察比較了解數字之間因數和倍數的關係	因倍數魔力卡、紀錄單	觀察記錄 探究討論 發表分享
活動四： 利用倍數關係找因數	透過觀察比較了解數字之間因數和倍數的關係，並能應用解題	因倍數魔力卡、紀錄單	觀察記錄 探究討論 發表分享
活動五： 利用魔力卡發現公因數	透過魔力卡的觀察比較，尋找規則並能應用解公因數問題	因倍數魔力卡、紀錄單	觀察記錄 探究討論 發表分享
活動六： 利用魔力卡發現公倍數	透過魔力卡的觀察比較，尋找規則並能應用解公倍數問題	因倍數魔力卡、紀錄單	觀察記錄 探究討論 發表分享

項次	活動目標	教具	教學進行方式
活動七： 發現質因數分解	透過魔力卡的觀察比較，尋找規則並能應用分解質因數問題	因倍數魔力卡、紀錄單	觀察記錄 探究討論 發表分享
活動八： 因倍數遊戲大挑戰	透過設計的遊戲，尋找因倍數的規則並能應用分解質因數問題	因倍數魔力卡、紀錄單	觀察記錄 探究討論 發表分享

3. 活動說明

　　本活動可透過 2（3）人 1 組進行操作、觀察、記錄與發表，教師於課室進行時可將活動所需教具依程序先行準備，發放給學生使用，並說明問題目的，分配學生任務，要求學生參與。

活動一：質數和合數的特徵

1. 拿出 2、3、5、7 四張魔力卡，說說看你發現了什麼？
   ■ 學生：
   (1) 每張數字卡的外圈是由不同的顏色表示，且只有 1 種顏色代表（2 是橘色，3 是綠色，5 是藍色的，7 是紫色）。
   (2) 它們都是 10 以內的數字，
   (3) 除了 2 是偶數外，3、5 和 7 都是奇數。
   (4) 2，3，5，7 這些數字要組成長方形時，2 分解成 1×2；3 分解成 1×3；5 分解成 1×5；7 分解成 1×7；這些數字它們都可分解成由 1 和本身相乘。

(5) 1 和本身都是此數字的因數（質數有 2 個因數）。

2. 拿出 4、6、8、9 四張魔力卡，說說看你發現了什麼？

■ 學生：

(1) 每張數字卡可拆成兩種以上不同的數字組成。

(2) 4 是由 2 + 2 組成（是 2 + 2？那 8 是 2 + 2 + 2 組成的喔！）

(3) 4 是由 2×2（2 個橘色相乘），6 是由 2×3（1 個橘色 ×1 個綠色），8 是 2×2×2（3 個橘色相乘），9 是由 3×3（2 個綠色相乘）所構成。

(4) 4，6，8，9 這些數字要組成長方形時，可分解成許多種邊長相乘的方式，例如 8 可以分解成 1×8；2×4；4×2；8×1。

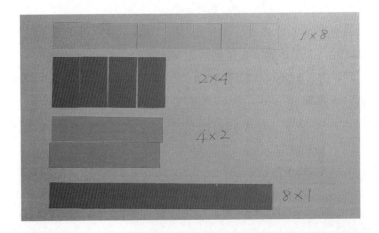

(5) 這些可以由 2 個以上的數字相乘構成的數稱為合數。

活動二：3、6、9、12、15 的因數和倍數

　　整數都可以透過組合長方形的方式，找出長方形的長和寬兩邊的數字，這些數字就是此數的因數。

1. 找出因數，完成下表的內容。

3 的因數有哪些？	3 只能組成 1×3 的長方形，或是 $3 \div 1 = 3$，所以 3 的因數有 1、3
6 的因數有哪些？	6 能組成 1×6，2×3，3×2，6×1 的長方形，或是 $6 \div 1 = 6$，$6 \div 2 = 3$，$6 \div 3 = 2$，$6 \div 6 = 1$。1、2、3、6 這 4 個數字都可以整除 6，所以 3 的因數有 1、2、3、6
9 的因數有哪些？	9 能組成 1×9，3×3 的長方形，或是 $9 \div 1 = 9$，$9 \div 3 = 3$，$9 \div 9 = 1$。1、3、9 這 3 個數字都可以整除 9，所以 9 的因數有 1、3、9
12 的因數有哪些？	12 能組成 1×12，2×6，3×4，4×3，6×2，12×1 的長方形，或是 $12 \div 1 = 12$，$12 \div 2 = 6$，$12 \div 3 = 4$，$12 \div 4 = 3$，$12 \div 6 = 2$，$12 \div 12 = 1$。1、2、3、4、6、12 這 6 個數字都可以整除 12，所以 12 的因數有 1、2、3、4、6、12
15 的因數有哪些？	15 能組成 1×15，3×5，5×3，15×1 的長方形，或是 $15 \div 1 = 15$，$15 \div 3 = 5$，$15 \div 5 = 3$，$15 \div 15 = 1$。1、3、5、15 這 4 個數字都可以整除 15，所以 15 的因數有 1、3、5、15

2. 比較數字 3 和 6 的因數，說說看你發現什麼？

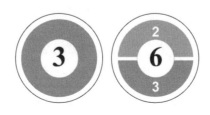

■ 學生：3 的因數有 1、3，6 的因數有 1、3、2、6。

3. 3 和 6 這兩個數字有何關係？它們的因數有何關係呢？

　　■ 學生：6 是 3 的 2 倍，3 的因數有 1 和 3，將它們乘以 2 後會變成 2 和 6，因此 6 的因數有 1、3、2、6。

4. 比較數字 3 和 9 的因數，說說看你發現什麼？

　　■ 學生：3 的因數有 1 和 3，9 的因數有 1、3、9。

5. 3 和 9 有何關係？它們的因數有何關係呢？

　　■ 學生：9 是 3 的 3 倍，3 的因數 1 和 3 乘以 3 後可以得到 3 和 9，因此 9 的因數有 1、3、3、9，因數 3 重複可以省略變成 1、3、9。

6. 比較數字 12 和 6 的因數，說說看你發現什麼？

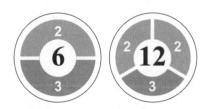

　　■ 學生：

(1) 6 的因數有 1、2、3、6，12 的因數有 1、2、3、4、6、12。

(2) 6 是 2 和 3 的倍數，6 是 2 的 3 倍，它的因數可以透過 2 的因數乘以 3，得到 1、2、3、6。6 也是 3 的 2 倍，也可以透過 3 的因數乘以 2 得到 1、2、3、6。

7. 12 和 6 有何關係？它們的因數有何關係呢？

　　■ 學生：12 是 6 的 2 倍，也可以透過 6 的因數乘以 2 得到 1、2、3、

4、6、12。

8. 比較數字 3 和 15 的因數，說說看你發現什麼？

　■學生：3 的因數有 1、3，15 的因數有 1、3、5、15。

9. 3 和 15 有何關係？它們的因數有何關係呢？

　■學生：15 是 3 的 5 倍，也可以透過 3 的因數 1 和 3 乘以 5 得到 5
　　和 15，加上 3 的因數 1 和 3，故 15 的因數有 1、3、5、15。

10. 從上述表格紀錄，發現了什麼規則？

　■學生：若 A 數為 B 數的倍數時，A 的因數可以透過 B 的因數（B
　　為質數）乘以它的倍數（質數的倍）獲得所有的因數。

活動三：4、8、12、16 的因數和倍數

1. 找出因數，完成下表的內容。

4 的因數有哪些？	1、2、4
8 的因數有哪些？	1、2、4、8
12 的因數有哪些？	1、2、3、4、6、12
16 的因數有哪些？	1、2、4、8、16

2. 比較數字 4 和 8 的因數，說說看你發現什麼？

■ 學生：4 的因數有 1、2、4，8 的因數有 1、2、4、8。

3. 4 和 8 有何關係？它們的因數有何關係呢？

■ 學生：8 是 4 的倍數，8 的因數可以透過 4 的因數乘以 2 得到。

4. 比較數字 4 和 12 的因數，說說看你發現什麼？

■ 學生：4 的因數有 1、2、4，12 的因數有 1、2、3、4、6、12。

5. 4 和 12 有何關係？它們的因數有何關係呢？

■ 學生：12 是 4 的倍數，12 的因數可以透過 4 的因數乘以 3 得到。

6. 比較數字 16 和 4 的因數，說說看你發現什麼？

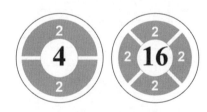

■ 學生：4 的因數有 1、2、4，16 的因數有 1、2、4、8、16。

7. 4 和 16 有何關係？它們的因數有何關係呢？

■ 學生：16 是 4 的倍數，16 的因數可以透過 4 的因數乘以 4 得到。

8. 比較數字 4 和 16 的因數、8 和 16 的因數，說說看你發現什麼？

■學生：4 的因數有 1、2、4，8 的因數有 1、2、8，16 的因數有
1、2、4、8、16。

9. 4、8 和 16 有何關係？它們的因數有何關係呢？
　■學生：16 是 4 的倍數，16 的因數可以透過 4 的因數乘以 4 得到。
16 也是 8 的倍數，16 的因數可以透過 8 的因數乘以 2 得到。

10. 從上述表格紀錄，發現了什麼規則？
　■學生：若 A 為 B 的倍數，B 為 C 的倍數，所以 A 為 C 的倍數，A
的因數可以透過 B 的因數或是 C 的因數乘以它的倍數獲得所有的
因數。

活動四：利用倍數關係找因數

1. 請完成下表的調查。

2 的因數有哪些？	1、2
3 的因數有哪些？	1、3
5 的因數有哪些？	1、5
10 的因數有哪些？	？
15 的因數有哪些？	
30 的因數有哪些？	

2. 數字 10 的因數有哪些，說說看你是怎麼想的？

　　■ 學生：

　　(1) 利用 10 是 2 的倍數，10 的因數可以透過 2 的因數乘以 5 得到。

　　(2) 利用 10 是 5 的倍數，10 的因數可以透過 5 的因數乘以 2 得到。

　　(3) 10 的因數有 1、2、5、10。

3. 數字 15 的因數有哪些，說說看你是怎麼想的？

　　■ 學生：

　　(1) 利用 15 是 3 的倍數，15 的因數可以透過 3 的因數乘以 5 得到。

　　(2) 利用 15 是 5 的倍數，15 的因數可以透過 5 的因數乘以 3 得到。

　　(3) 15 的因數有 1、3、5、15。

4. 數字 30 的因數有哪些，說說看你是怎麼想的？

■ 學生：

(1) 利用 30 是 3 的倍數，30 的因數可以透過 3 的因數乘以 10 得到，此種方法可以得到 30 全部的因數。

(2) 利用 30 是 2 的倍數，30 的因數可以透過 2 的因數乘以 15 得到，此種方法可以得到 30 全部的因數。

(3) 利用 30 是 5 的倍數，30 的因數可以透過 5 的因數乘以 6 得到，此種方法可以得到 30 全部的因數。

(4) 利用 30 是 6 的倍數，30 的因數可以透過 6 的因數乘以 5 得到，此種方法可以得到 30 全部的因數。

(5) 利用 30 是 10 的倍數，30 的因數可以透過 10 的因數乘以 3 得到，此種方法可以得到 30 全部的因數。

(6) 利用 30 是 15 的倍數，30 的因數可以透過 15 的因數乘以 2 得到，此種方法可以得到 30 全部的因數。

(7) 30 的因數有 1、2、3、5、6、10、15、30。

5. 從上述表格紀錄，發現了什麼規則？

　　■ 學生：若 A 為 B 的倍數，B 為 C 的倍數，所以 A 為 C 的倍數，則 A 的因數可以透過 B 的因數或是 C 的因數乘以它的倍數獲得所有的因數。

活動五：利用魔力卡發現公因數

透過魔力卡外圈顏色的比較，找出公因數。

1. 4 和 8 的公因數有哪些？說說看你的發現？

■學生：4 = 2×2，8 = 2×2×2，4和8共同有2×2 = 4，所以4和8的公因數有1、2、4。

2. 6和18的公因數有哪些？說說看你的發現？

■學生：6 = 2×3，18 = 2×3×3，6和18共同有2×3 = 6，所以6和18的公因數有1、2、3、6。

3. 3和5的公因數有哪些？說說看你的發現？

■學生：3 = 1×3，5 = 1×5，3和5的因數共同有1（互質），所以3和5的公因數只有1。

4. 將 $\frac{4}{8}$ 約分後的分數有哪些？說說看你的發現？

■學生：4和8的公因數有1、2、4，可用1、2、4進行約分。約分後為 $\frac{4}{8} = \frac{2}{4} = \frac{1}{2}$。

5. 將 $\frac{6}{18}$ 約分後的分數有哪些？說說看你的發現？

■ 學生：6 和 18 的公因數有 1、2、3、6，可用 1、2、3、6 進行約分。約分後為 $\frac{6}{18} = \frac{3}{9} = \frac{2}{6} = \frac{1}{3}$。

活動六：利用魔力卡發現公倍數

1. 4 和 8 的最小公倍數是什麼？說說看你的發現？

■ 學生：

(1) $4 = 2 \times 2$，$8 = 2 \times 2 \times 2$，4 和 8 共同有 $2 \times 2 = 4$，但 8 多了 1 個 2，所以 4 和 8 的公倍數最小的是 $2 \times 2 \times 2 = 8$。

(2) 4 和 8 是 8 的因數，8 是 4 和 8 的倍數。

2. 2 和 3 的最小公倍數是？與 6 有何關係？說說看你的發現？

■ 學生：$2 = 1 \times 2$，$3 = 1 \times 3$，2 和 3 共同的因素有 1（互質），所以 2 和 3 的公倍數為 $2 \times 3 = 6$。

3. 4 和 6 的最小公倍數是？與 12 有何關係？說說看你的發現？

■ 學生：

(1) 4 = 2×2，6 = 2×3，4 和 6 共同有 2，但 4 多了 1 個 2，6 多了 1 個 3，所以 4 和 6 的公倍數最小的是 2×2×3 = 12。

(2) 4 和 6 是 12 的因數，12 是 4 和 6 的倍數。

4. 2、3 和 5 的最小公倍數是？說說看你的發現？

■ 學生：

(1) 2 = 1×2，3 = 1×3，5 = 1×5，2、3 和 5 共同有 1（互質），所以 2、3 和 5 的最小公倍數為 2×3×5 = 30。

(2) 2、3 和 5 是 30 的因數，30 是 2、3 和 5 的倍數。

活動七：發現質因數分解

1. 觀察 2、3、5、7 四張魔力卡，你發現什麼？

■學生：

(1) 它們都只有 1 和自己本身兩個因數。

(2) 它們都是 10 以內的質數。

2. **觀察 7、14、21、35 四張魔力卡，你發現什麼？**

■學生：

(1) $7 \times 1 = 7$，$7 \times 2 = 14$，$7 \times 3 = 21$，$7 \times 5 = 35$。

(2) 它們是 7 的 1、2、3、5 倍。

3. **觀察 6、8、12、24 四張魔力卡，你發現什麼？**

■學生：

(1) $6 = 2 \times 3$，$8 = 2 \times 2 \times 2$，$12 = 2 \times 2 \times 3$，$24 = 2 \times 2 \times 2 \times 3$。

(2) 它們都可以分解成質數相乘，有的是由 2 個質數相乘，有的可分解成 3 個或 4 個質數相乘。

(3) 6 是由兩個質數相乘，因數有 4 個：1、2、3、6。8 分解成 3 個 2 相乘，因數有 4 個：1、2、4、8。12 由 2 個 2 和 1 個 3 相乘，因數有 6 個：1、2、3、4、6、12。24 由 3 個 2 和 1 個 3 相乘，因數有 8 個：1、2、3、4、6、8、12、24。

4. 觀察 6、15、33、55 四張魔力卡,你發現什麼?

■ 學生:

(1) 6 = 2×3,15 = 3×5,33 = 11×3,55 = 11×5。

(2) 它們都可以分解成 2 個質數相乘,都有 4 個因數,除了 1 和自己本身外,另兩個因數互質(質因數)。

5. 利用上述找出的規則,找出 70 至 100 之間有 4 個因數的數字是什麼? 說說看。

■ 學生:77 = 7×11,85 = 5×17,91 = 7×13,95 = 5×19。

活動八:因倍數遊戲大挑戰

1. 遊戲 1:看誰先將手中的牌清乾淨(因數)

遊戲規則:

可取 3 至 4 位同學參加,本說明是以 3 位參加人員為例,取名 A、B、C。

(1) 將所有因倍數卡牌洗牌後平分給 3 位參加人員,拿到 1 的玩家(假設 A)先將 1 出牌,接著可指派下一位玩家(假設 B)出一張牌,

接下來由 C 丟出自己的牌中與 B 玩家丟出的卡牌數字相關因數的牌（可以將全部因數丟出，亦可丟出部分的牌），若 C 無 B 牌的因數牌，則喊 Pass；此時輪到 A，A 若有丟出與 B 玩家丟出的牌相關的因數牌（可以將全部因數丟出，亦可丟出部分的牌），則賓果，此時換 A 出一張牌讓 B 承接，B 若有丟出與 A 玩家丟出的牌相關的因數牌（可以將全部因數丟出，亦可丟出部分的牌），則賓果，若無則喊出 Pass，然後由 C 承接，若 C 亦無與 A 玩家丟出的牌相關的因數牌，則亦喊 Pass，此輪就結束；然後 A 就出另外的牌讓 B 和 C 承接。依此類推，看誰先將手上的牌出清則獲勝。例如：有 A、B、C 三位玩家，每位玩家皆拿到 24 張牌，假設 A 拿到 1，則先出 1，接著 B 可任意出一張牌，假設 B 出 12，則 C 可接著出 2、3、4、6、12 其中的因數牌（只要 12 的因素皆可釋出，因數的牌可全部出，亦可部分出），賓果後接著重複以上動作，也丟出一張牌，讓接下來的玩家 C 釋出相關的牌，直到某位玩家手上的卡牌皆釋出，則遊戲結束。

(2) 如果 B 玩家丟出的牌，而 C 手中的牌並無與此卡牌相關的因數牌時，則喊 Pass，輪由下位玩家 A 出牌，若 A 仍無與 B 所出牌相關的因數牌，則也喊 Pass，此輪則為 B 獲勝，B 可在下輪優先出牌，讓 C 和 A 承接。例如：玩家 A 丟出 1 後，則由 B 玩家開始出牌，他丟出卡牌數字 57，從卡牌中的數字得知他的因數是 3 和 19，此時 C 玩家無此因數牌所以喊 Pass，則輪到 A 玩家，他恰好有這兩張因數牌，因此就可同時釋出。然後 A 玩家再丟出一張牌 36，讓後者 B 玩家釋出其因數牌，若 B 玩家恰好有一張 9 的因數牌則他釋出後，他可接著丟出一張卡牌，讓 C 玩家接續。

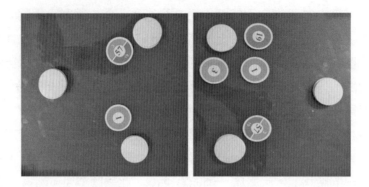

2. 遊戲 2：倍數心臟病

　　遊戲規則：

　　(1) 先挑出 2、3、5、7、11、13 等質數牌當作底牌（質數牌的多少由玩家自行決定，建議以 10 以內的質數優先考量），洗牌後放在桌旁一角。

　　(2) 將剩餘的牌洗牌後放置桌子中間。

　　(3) 從質數的底牌中抽出兩張牌置於場中。

　　(4) 猜拳決定先後翻牌的順序。

　　(5) 依照剛剛猜拳順序輪流翻出卡牌，一次一張。

　　(6) 若翻出的牌是場中兩張質數底牌的公倍數，則拍該翻出的牌。

　　(7) 正確且拍最快的人，要收走場上所有的牌（除了底牌），並抽一張新的底牌覆蓋在原質數底牌中較大的牌上，成為新的底牌。

　　(8) 當所有的牌皆翻出後，結算手上牌最多的人獲勝。

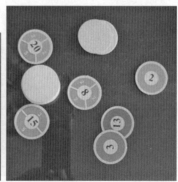

例如：翻出兩張質數卡牌分別為 2 和 13，那麼其公倍數為 26、52 和 78，當翻到這兩張質數的公倍數其中一張時，玩家就須拍此數字牌，最快拍牌者則可將翻出的卡牌收為己有，然後再從質數牌中抽出另一張質數卡，覆蓋在剛才的 13 上。若此時抽出的質數卡數字是 3，所以覆蓋在 13 上（因 3 比 13 小，比 2 大，故蓋在 13 上），此時 2 和 3 的公倍數是 6、12、18、24……，當翻到這 2 張的公倍數的其中一張時，玩家就須拍它，最快者則可將翻出的卡牌收為己有，然後再從質數牌中抽出另一張質數卡，依此類推，直到牌組翻完。

3. **遊戲 3：因倍數數字賓果**

遊戲規則：

此活動參與的人數為兩人。

(1) 首先將 20 以內的質數（另含 1）挑出成為引導的牌組。

(2) 接著將剩下的牌各分給每人 25 張。

(3) 兩人皆將自己的 25 張牌呈現出數字排成 5×5 矩陣。

(4) 一人抽出一張引導牌（質數牌）後，依翻到的質數尋找矩陣中的一張是該質數的倍數，並將此牌翻到背面，然後將質數牌插回引導牌內；若抽出質數牌後，該玩家無此質數的倍數，則直接將質數牌插回引導牌內，換另一玩家進行。依此類推，每人輪流從質數牌中隨機抽出一張，並在各自的 5×5 方格中尋找一張此質數的倍數牌並覆蓋。

(5) 將對應的倍數翻到背面，先連成一條直線者獲勝，遊戲結束。

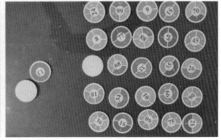

例如：將 20 以內的質數 2、3、5、7、11、13、17、19 和 1 拿出後當成玩家要抽的引導牌，然後將剩下的卡牌隨機分給 A 和 B 兩名玩家各 25 張，玩家隨機將它排成 5×5 的方格牌組，猜拳後決定誰先抽質數底牌。A 玩家抽出質數 13 的底牌，發現他有倍數牌數字 52 的卡牌，因此將 52 此卡倒蓋，將質數底牌插回底牌中；接著 B 玩家抽質數底牌，若其牌組無倍數牌，則喊 Pass，換由 A 玩家繼續，直到哪位玩家最先完成一直線五張卡牌皆倒蓋，則是勝利的玩家。

陸 對活動任務的省思

1. 能對設計的任務或現有的任務進行修改以適應數學目標。
2. 能辨認學生的工作或與數學目標相關的行動的重要特徵。
3. 能根據觀察學生的產出或展示的策略及其對任務的反應來解釋學生的理解。
4. 能協調和分類學生的思維，以解決未來教學中不同層次的策略和推理。

附件

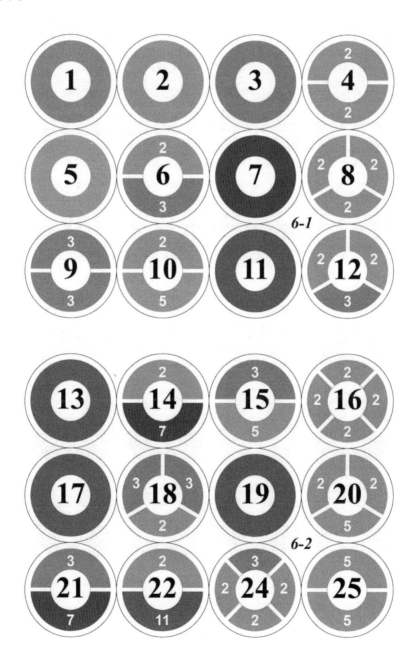

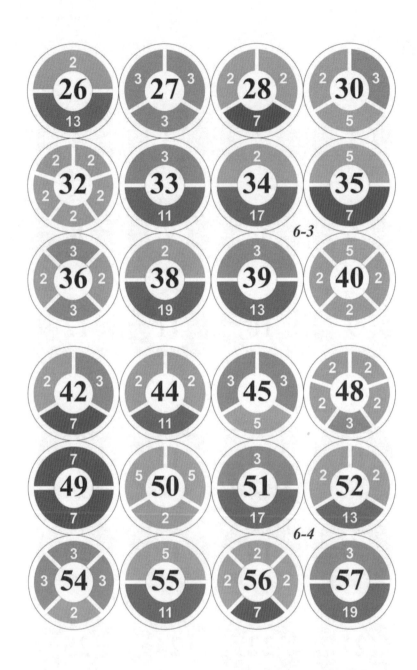

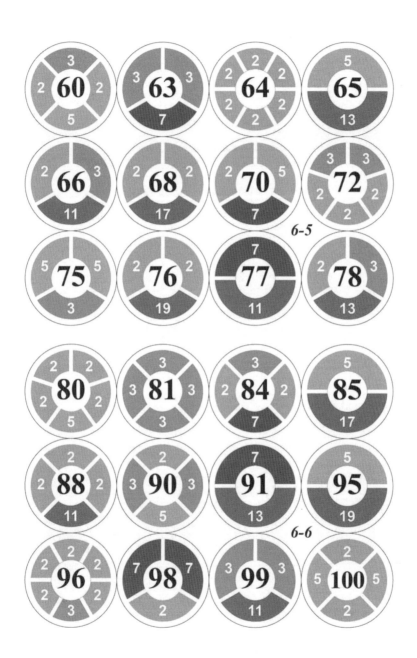

6-5

6-6

凹凸有致——
平面與立體形體的轉換

壹 設計理念

　　幾何是數學教育課程中十分重要的內容，加強學生在幾何的空間思考能力，將有助於學生提升他們在數學上高層次思考、創造的能力。而幾何學習的要素之一為心像能力，學生在學習幾何的過程中，需要在腦海中建立心像及操作心像，這樣的心智能力則會影響幾何的思維模式。空間能力的發展亦是幾何學習的基礎，空間能力的提升能增強學生問題解決的能力。NCTM 的《學校數學課程與評估標準》中指出「空間理解對於解釋、理解和欣賞我們固有的幾何世界是必要的。」當學生們在從事數學活動時，使用圖像來理解數學是一件非常重要的事。將心理圖像視覺化及想像、思考數學的能力，這些都是數學推理組成的重要部分。而研究也指出，空間感較佳的學生，在數感方面表現也較佳。因此，如何透過教學培養學生的空間能力及數學能力，讓學生們能經由反思圖像來增強學習樂趣，並建立數學思維，實為我們身為教育者該著重的部分。

　　學生在表面積單元的學習上常會產生迷思概念，因為學生在空間概念的不足，所以不容易察覺到物體看不到的隱藏面。因此，表面積

的概念對於學生來說,具有一定的難度及挑戰。面積的學習課程是一直持續加深加廣的,在教學的過程中,發現學生在正方體與長方體表面積的單元容易淪為死背公式,卻不知如何運用。在表面積單元的教學內容中,正方體表面積是以六個面全等的方式來計算,而長方體表面積則是以總共有三組相同的面,分別算出三個面之後,再相加後乘以 2,或是將側面看成是一個大長方形,先將側面的總長度相加後,算出側面積,再將兩個底面積算出並加總的方式來計算。兩個不同的形體,就有三種以上不同的計算方式,學生光在正方形與長方形面積公式就已經常常搞混,再加上正方體與長方體表面積的算法不同,學生則是更容易產生混淆。而在複合形體表面積的部分,教材以切割、拆解的方式分別算出面積再全部加總,學生容易在計算過程中,忘記自己算到哪個部分,因而容易算錯。也因學生可能不全然了解其中之涵義,而有硬背算法之情形發生。讓學生能經由具體操作將心理圖像視覺化,並能了解複合形體表面積的主要意涵,未來能對於複合形體表面積的題型不再害怕。

　　本活動透過實際操作積木的過程及繪製視圖的課程設計方式,培養學生空間及心像能力,並了解複合形體表面積的基本概念。經由立體形體的接合活動,學生能了解面與面相接會減少兩個接合面的面積;經由繪製三視圖的活動讓學生能看出前視圖和後視圖相同,左視圖和右視圖(側視)相同,上視(俯視)圖和下視圖相同,期許學生未來看到任何立體形體須算出表面積時,能以此三大主要方向來思考;經由觀察視圖組出形體的活動,期許學生能透過視圖重製立體形體,能有將二維視圖轉為三維形體之能力,此活動亦能了解學生立體形體組成的思維能力。

貳 數學核心素養

本研究活動實施後欲達成之核心素養如下：

1. 數-E-A1 具備喜歡數學、對數學世界好奇、有積極主動的學習態度，並能將數學語言運用於日常生活中。
2. 數-E-A2 具備基本的算術操作能力，並能指認基本的形體與相對關係，在日常生活情境中，用數學表述與解決問題。
3. 數-E-B3 具備感受藝術作品中的數學形體或式樣的素養。
4. 數-E-C1 具備從證據討論事情，以及和他人有條理溝通的態度。
5. 數-E-C2 樂於與他人合作解決問題並尊重不同的問題解決想法。

參 學習目標

本活動可應用於國小四至六年級學生，對應之學習重點如下：

1. 學習表現

s-III-1 理解三角形、平行四邊形與梯形的面積計算。

s-III-3 從操作活動，理解空間中面與面的關係與簡單立體形體的性質。

s-III-4 理解角柱（含正方體、長方體）與圓柱的體積與表面積的計算方式。

s-III-5 以簡單推理，理解幾何形體的性質。

s-III-6 認識線對稱的意義與其推論

s-III-7 認識平面圖形縮放的意義與應用。

2. 學習內容

S-4-6 平面圖形的全等：以具體操作為主。形狀大小一樣的兩圖形全等。能用平移、旋轉、翻轉做全等疊合。全等圖形之對應角相等、對應邊相等。

S-5-5 正方體和長方體：計算正方體和長方體的體積與表面積。正方體與長方體的體積公式。

S-6-4 柱體體積與表面積：含角柱和圓柱。利用簡單柱體，理解「柱體體積 ＝ 底面積 × 高」的公式。簡單複合形體體積。

肆　學生學習常見之迷思概念

在學習本單元時，學生常會出現以下錯誤或迷思的概念：

1. 在具有平移或旋轉對稱特性的圖形上，學生無法察覺全等模式，以及平移、旋轉、翻轉描述操作的方式。
2. 混用長方體體積和表面積公式計算長方體的表面積。
3. 誤用柱體體積公式底面積 × 高處理柱體表面積，或只注意底面邊長的正確性。

伍　活動設計內容

1. 活動所需材料

立體方塊、紀錄單、彩色筆、直尺、索瑪方塊。

2. 進行方式

項次	活動目標	教具	教學進行方式
活動一： 五連子	透過觀察了解立體方塊連結時其表面積的變化與重要特徵	立體方塊、紀錄單、彩色筆、膠水	觀察記錄 探究討論 發表分享
活動二： 立體方塊接龍	透過觀察了解立體方塊連結時其表面積的變化與重要特徵	立體方塊、紀錄單、彩色筆、膠水	觀察記錄 探究討論 發表分享

項次	活動目標	教具	教學進行方式
活動三： 立體積木乾坤大挪移	透過觀察比較了解相同個數之立體方塊的關係	立體方塊、紀錄單、彩色筆、膠水	觀察記錄 探究討論 發表分享
活動四： 掀開面紗讓我看看你	透過觀察比較了解三視圖與物件表面積的關係，並能應用解題	立體方塊、紀錄單、彩色筆、膠水	觀察記錄 探究討論 發表分享
活動五： 觀察視圖組出形體	透過觀察比較了解三視圖與物件表面積的關係，並能應用解題	立體方塊、紀錄單、彩色筆、膠水	觀察記錄 探究討論 發表分享
活動六： 立體變平面	透過觀察比較了解物件三維形體與二維表面積的關係，並能應用解題	立體方塊、紀錄單、彩色筆、膠水	觀察記錄 探究討論 發表分享
活動七： 索瑪立方塊大進擊	透過立體方塊組合成指定形體，尋找規則並能應用三視圖解決形體表面積問題	立體方塊、索瑪立方塊、紀錄單、彩色筆、膠水	觀察記錄 探究討論 發表分享

3. 活動說明

　　本活動可透過 2（3）人 1 組進行操作、觀察、記錄與發表，教師於課室進行時可將活動所需教具依程序先行準備，發放給學生使用，並說明問題目的，分配學生任務，要求學生參與。

活動一：五連子

1. 每組學生提供一盒立體積木，要求學生拿出五個立體方塊組成一層的形體，積木的邊要和邊對齊，可以組成幾種五連方塊的形體？

■ 學生：可以組成 1 層的五連方塊其形體如下：

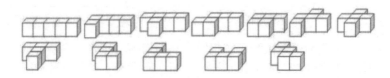

▶ 這些 1 層的五連方塊形體的表面積各是多少？（每 1 面以 1 平方單位表示）

■ 學生：它們的表面積都是 22 平方單位。

▶ 說說看要算出這些形體的表面積，你是怎麼想的？

2. 用這五個立方塊組成 2 層的五連方塊形體，可以組成幾種形體？

　　■ 學生：可以組成 2 層的五連方塊其形體如下：

▶ 這些 2 層的五連方塊形體表面積各是多少？（每 1 面以 1 平方單位表示）

■ 學生：前面 4 個形體的表面積也都是 22 平方單位，最後 1 個形體的表面積是 20 平方單位。

▶ 說說看要算出這些形體的表面積，你是怎麼想的？

3. 用這五個立方塊組成的五連方塊形體還有哪些？

　　■ 學生：另外可以組成的五連方塊其形體如下：

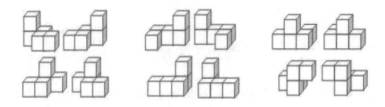

▶ 這些五連方塊形體的表面積各是多少？（每 1 面以 1 平方單位表示）

▶ 說說看要算出這些形體的表面積，你是怎麼想的？

活動二：立體方塊接龍

以下所有題目所使用的正方體大小均相等，每一個正方形面積為一平方單位。

1. 這是一個正方體，請問它有幾個面？這個正方體的表面積是多少平方單位？

2. 請你用積木排出與下列圖形相同的立體形體。並回答下列問題：

   (1) 請問排成此圖形需要幾個積木？

   (2) 接合的部分會增加或是減少表面積？

   (3) 增加或是減少了幾個正方形面積呢？

   (4) 承上題，請問這個立體圖形的表面積是多少平方單位？請寫下你的想法及算式。

3. 請你用積木排出與下列圖形相同的立體形體。並回答下列問題：

(1) 請問排成此圖形需要幾個積木？

(2) 接合的部分會增加或是減少表面積？

(3) 增加或是減少了幾個正方形面積呢？

(4) 承上題，請問這個立體圖形的表面積是多少平方單位？請寫下你的想法及算式。

4. 請你用積木排出與下列圖形相同的立體形體。並回答下列問題：

(1) 請問排成此圖形需要幾個積木？

(2) 接合的部分會增加或是減少表面積？

(3) 增加或是減少了幾個正方形面積呢？

(4) 承上題，請問這個立體圖形的表面積是多少平方單位？請寫下你的想法及算式。

5. 請你用積木排出與下列圖形相同的立體形體。並回答下列問題：

　(1) 請問排成此圖形需要幾個積木？

　(2) 接合的部分會增加或是減少表面積？

　(3) 增加或是減少了幾個正方形面積呢？

　(4) 承上題，請問這個立體圖形的表面積是多少平方單位？請寫下你的想法及算式。

■ 學生能看出面與面相接會減少兩個接合面的面積。

■ 學生能以點數的方式計算表面積。

■ 學生算出形體不同面的面積並將其加總。

活動三：立體積木乾坤大挪移

以下所有題目所使用的正方體大小均相等，每一個正方形面積為一平方單位。

操作說明如下：

· 這是一個正方體的積木。

· 若用兩個積木可以排出右方之立體形體。

・兩積木接合之處須面與面全部相接。

・只須排出一層的圖形。如下圖：

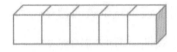

・不須排成兩層以上的立體形體。如右圖：

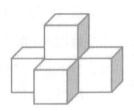

・經移動、旋轉或翻轉後均相同，則為同一種形體。

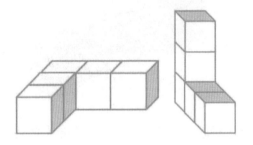

請回答下列問題：

1. 請問，若用 3 個積木，可以排出哪些立體形體呢？
   請在方格紙中畫出**由上而下**所看到的面。

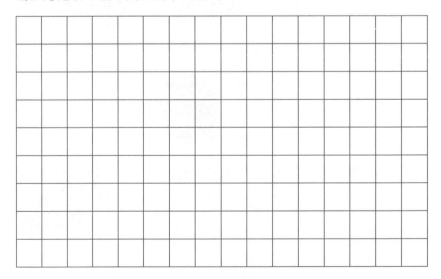

2. 請問，若用 4 個積木，可以排出哪些立體形體呢？
   請在方格紙中畫出**由上而下**所看到的面。

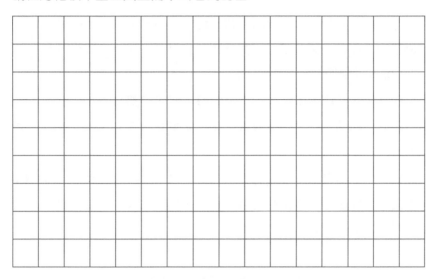

3. 請問，若用 5 個積木，可以排出哪些立體形體呢？
   請在方格紙中畫出**由上而下**所看到的面。

4. 請觀察你所畫出的圖形，將圖形加以編號並分類，並請說明分類的方式及理由。

5. 請觀察由 3 個積木所排成的立體形體。哪些形體的表面積相同？哪些形體的表面積不同？請用編號分類，並說明原因。（請按照第 4 題所使用的圖形編號）

6. 請觀察由 4 個積木所排成的立體形體。哪些形體的表面積相同？哪些形體的表面積不同？請用編號分類，並說明原因。（請按照第 4 題所使用的圖形編號）

7. 請觀察由 5 個積木所排成的立體形體。哪些形體的表面積相同？哪些形體的表面積不同？請用編號分類，並說明原因。（請按照第 4 題所使用的圖形編號）

活動四：掀開面紗讓我看看你

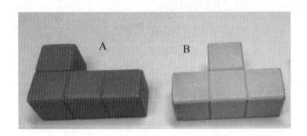

1. 從不同面向觀察 A 積木，並將不同方向所看到的面畫在方格紙上。

2. 從不同面向觀察 B 積木，並將不同方向所看到的面畫在方格紙上。

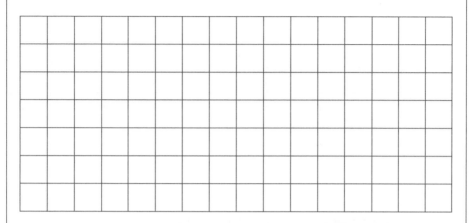

3. 從不同面向觀察 C 積木，並將不同方向所看到的面畫在方格紙上。

4. 從不同面向觀察 D 積木，並將不同方向所看到的面畫在方格紙上。

（方格紙）

5. 觀察你所畫出的圖形，說說看你發現了什麼。

活動五：觀察視圖組出形體

1. 這是分別從六個不同方向所看到的圖形，請依照圖形排出立體形體。

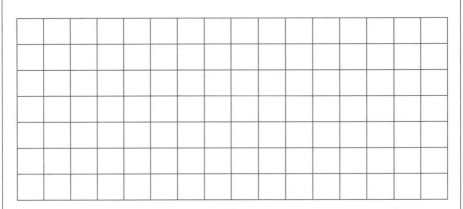

2. 這是分別從三個不同方向所看到的圖形，請依照圖形排出立體形體。

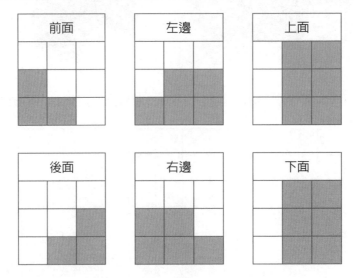

前面	右邊	上面
		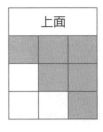

3. 這是分別從三個不同方向所看到的圖形，請依照圖形排出立體形體。

後面	左邊	下面

■ 從上述活動，可以發現：

(1) 學生能經由繪製三視圖的活動看出前視圖和後視圖相同，左視圖和右視圖（側視）相同，上視（俯視）圖和下視圖相同。

(2) 學生能正確描繪從六個不同方向所看到的視圖。並能看出前視圖和後視圖相同，左視圖和右視圖（側視）相同，上視（俯視）圖和下視圖相同。

(3) 學生能正確描繪從六個不同方向所看到的視圖。但無法發現前視圖和後視圖相同，左視圖和右視圖（側視）相同，上視（俯視）圖和下視圖相同。此時教師可再進一步引導，讓學生發現三視圖的關係。

活動六：立體變平面

1. **觀察**下面的立體組合形體，從不同的角度將所看到的面在下面空白方格中塗上顏色。

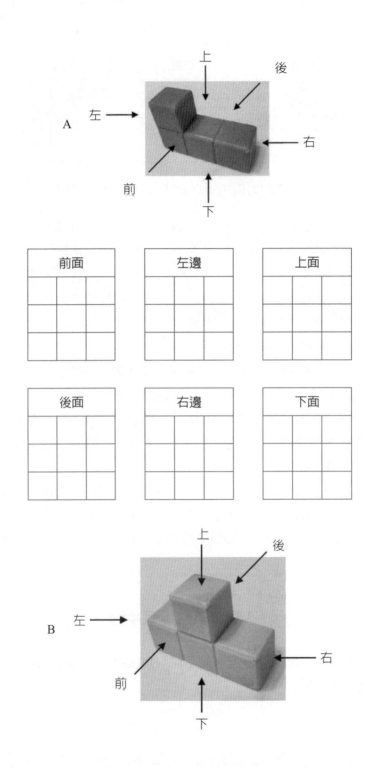

前面		

左邊		

上面		

後面		

右邊		

下面		

前面		

左邊		

上面		

後面		

右邊		

下面		

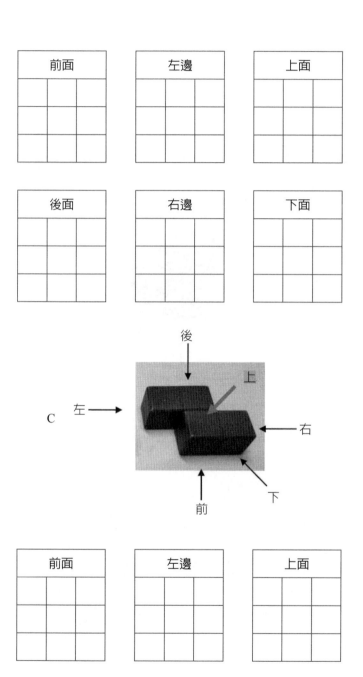

前面		

左邊		

上面		

後面		

右邊		

下面		

前面		

左邊		

上面		

後面		

右邊		

下面		

■學生能透過視圖重製立體形體，能將二維圖形轉為三維形體之能力。

活動七：索瑪立方塊大進擊

　　透過立體積木的堆疊組合形成指定的形體，讓學生能經由具體操作將心理圖像視覺化，並能了解複合形體表面積的主要意涵，這可培養學生對於複合形體三維變成二維表面積關係的認識，並透過空間翻轉與旋轉技巧的訓練，配合創造力設計出美妙的立體形體，結合數學概念增添生活情趣與解決問題能力。

1. 利用 27 塊立體小積木，如何組成 7 個索瑪立方塊的形體，說說看你的做法？

2. 觀察索瑪立方塊中的 7 個形體，你發現它們有何異同之處？與同學分享觀察到的特徵。

3. 利用這 7 個形體組成大的正方體，你組成的方法與其他同學一樣嗎？和同學分享你的做法。

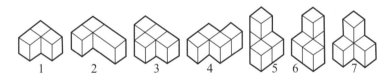

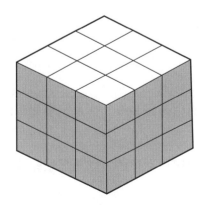

4. 利用 7 個索瑪立方塊組成下列的幾何形體，你是怎麼組成的？和同學分享你的做法？

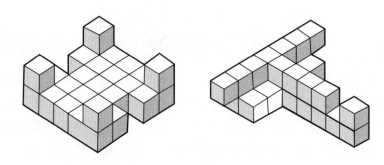

5. 將上面的形體分別從上方、側面與前面加以觀察,利用三視圖的方法將此形體的表面畫在下表中。

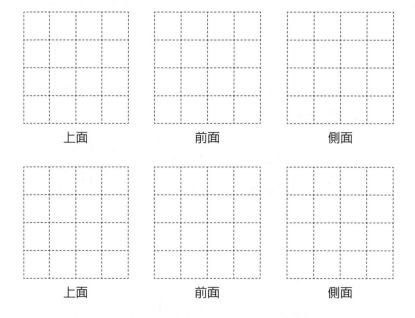

6. 這兩個形體的表面積各是多少?你是怎麼知道的?與同學分享你的想法是否合理。

7. 利用小立體方塊組成以下形體,你是怎麼組成的?和同學分享你的做法。

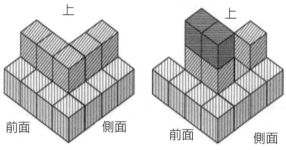

8. 將上面的形體分別從上方、側面與前面加以觀察，利用三視圖的方法將此形體的表面畫在下表中。

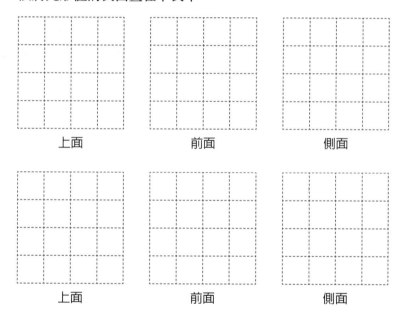

9. 這兩個形體的表面積各是多少？你是怎麼知道的？與同學分享你的想法是否合理。

陸 對活動任務的省思

1. 本活動涉及二維平面和三維立體形體之轉換，在上下左右前後的定位上要明確，以讓學生觀察時有所依循，而能正確地在空間上進行數學概念的推理與物件位置的描繪。

2. 鼓勵學生對於操作與組合的立體形體重要的特加以掌握，並思索如何利用有效且正確的方式組合索瑪立方塊，例如在時效上可將方塊兩塊先行連結再行組合。

3. 學生能根據觀察物件在空間的位置，正確的在方格紙上描繪出單位面積，進而利用三視圖的策略產出或展示其對任務的反應。

4. 能協調和分類學生的思維，以解決未來教學中不同層次的策略和推理。

參考書目

教育部（2018）。十二年國民基本教育課程綱要：國民中小學暨普通型高級中等學校數學領域。臺北市：教育部。

教育部（2020）。十二年國民基本教育課程綱要：國民中小學暨普通型高級中等學校數學領域課程手冊。臺北市：教育部。

Thompson, P. W. (1993). Quantitative reasoning, complexity, and additive structures. *Educational Studies in Mathematics, 25*(3), 165-208. doi:10.1007/BF01273861

Thompson, P. W. (1994). *Bridges between mathematics and science education.* Paper presented at the Research Blueprint for Science Education Conference, New Orleans, LA.

Thompson, P. W. (2011). Quantitative reasoning and mathematical modeling. In L. L. Hatfield, S. Chamberlain, & S. Belbase (Eds.), New perspectives and directions for collaborative research in mathematics education. *WISDOM Monographs* (Vol. 1, pp. 33-57). Laramie: University of Wyoming.

國家圖書館出版品預行編目資料

國小數學素養導向教學活動設計／陳嘉皇，毛
炳楠，魏麗枝著. -- 初版. -- 臺北市：五
南圖書出版股份有限公司，2022.08
　　面；　公分
ISBN 978-626-343-051-8（平裝）

1.CST: 數學教育　2.CST: 小學教學
3.CST: 教學活動設計

523.32　　　　　　　　　　111010783

1I5S

國小數學素養導向教學活動設計

作　　　者 ― 陳嘉皇、毛炳楠、魏麗枝

發 行 人 ― 楊榮川

總 經 理 ― 楊士清

總 編 輯 ― 楊秀麗

副總編輯 ― 黃文瓊

責任編輯 ― 黃淑真、李敏華

封面設計 ― 王麗娟

出 版 者 ― 五南圖書出版股份有限公司

地　　　址：106臺北市大安區和平東路二段339號4樓

電　　　話：(02)2705-5066　　傳　真：(02)2706-6100

網　　　址：https://www.wunan.com.tw

電子郵件：wunan@wunan.com.tw

劃撥帳號：01068953

戶　　　名：五南圖書出版股份有限公司

法律顧問　林勝安律師事務所　林勝安律師

出版日期　2022年 8 月初版一刷

定　　　價　新臺幣430元

經典永恆·名著常在

五十週年的獻禮——經典名著文庫

五南，五十年了，半個世紀，人生旅程的一大半，走過來了。

思索著，邁向百年的未來歷程，能為知識界、文化學術界作些什麼？

在速食文化的生態下，有什麼值得讓人雋永品味的？

歷代經典·當今名著，經過時間的洗禮，千錘百鍊，流傳至今，光芒耀人；

不僅使我們能領悟前人的智慧，同時也增深加廣我們思考的深度與視野。

我們決心投入巨資，有計畫的系統梳選，成立「經典名著文庫」，

希望收入古今中外思想性的、充滿睿智與獨見的經典、名著。

這是一項理想性的、永續性的巨大出版工程。

不在意讀者的眾寡，只考慮它的學術價值，力求完整展現先哲思想的軌跡；

為知識界開啟一片智慧之窗，營造一座百花綻放的世界文明公園，

任君遨遊、取菁吸蜜、嘉惠學子！